Accord sur la facilitation des échanges de l'OMC pour le Vietnam

Les implications de sa mise en œuvre

Sous la direction de

Ngoc Ha NGUYEN

Accord sur la facilitation des échanges de l'OMC pour le Vietnam

Les implications de sa mise en œuvre

L'Harmattan

5-7, rue de l'École-Polytechnique, 75005 Paris
http://www.editions-harmattan.fr
ISBN : 978-2-343-13003-3
EAN : 9782343130033

REMERCIEMENTS

Je tiens particulièrement à remercier Monsieur le Professeur Pierre SAUVÉ qui a bien voulu accepter de me diriger dans ce projet de recherche et dont le soutien constant, les conseils avisés et les remarques pertinentes m'ont été très précieux. Sans sa volonté ainsi que sa disponibilité, ce travail n'aurait jamais vu le jour.

Je profite de cette occasion pour exprimer ma gratitude la plus sincère au SECO pour son financement à ce projet et à Madame VU Thi Hien et son équipe au Département de projets de l'École supérieure du commerce extérieur de Hanoï pour leur disponibilité de répondre à temps à mes multiples questions depuis près d'une année.

Merci encore à DO Viet Anh Thai et à NGUYEN Kim Oanh pour leur participation effective à la réalisation de ce projet. Leur écriture claire et bien structurée a vraiment facilité la rédaction de cet ouvrage.

Hanoï, le 15 novembre 2016

NGUYEN Ngoc Ha

SOMMAIRE

Remerciements 3

Sommaire 9

Liste des abréviations 11

Liste des tableaux et graphiques 13

INTRODUCTION 15

Chapitre 1 : ÉTUDE ANALYTIQUE DE L'ACCORD SUR LA FACILITATION DES ÉCHANGES DE L'OMC 29

NGUYEN Thi Kim Oanh

Chapitre 2 : MISE EN ŒUVRE DE L'ACCORD SUR LA FACILITATION DES ÉCHANGES DE L'OMC AU VIETNAM D'UN POINT DE VUE JURIDIQUE 63

NGUYEN Ngoc Ha

Chapitre 3 : MISE EN ŒUVRE DE L'ACCORD SUR LA FACILITATION DES ÉCHANGES DE L'OMC AU VIETNAM D'UN POINT DE VUE PRATIQUE 89

DO Viet Anh Thai

Chapitre 4: RECOMMANDATIONS 131

NGUYEN Ngoc Ha

CONCLUSION 145

Annexes 149

Bibliographie 167

Table des matières 181

LISTE DES ABRÉVIATIONS

ACCTC	:	*ASEAN Coordinators of Customs Training Centre*
AFE	:	Accord sur la facilitation des échanges de l'OMC
APEC	:	*Asia-Pacific Economic Cooperation*
ASEAN	:	Association des pays de l'Asie du Sud-Est
ASEM	:	*Asia-Europe Meeting*
CCC	:	*ASEAN Customs Cooperation Council*
CEE-ONU	:	Commission économique pour l'Europe des Nations Unies
CEFACT-ONU	:	*United Nations Centre for Trade Facilitation and Electronic Business*
CKR	:	Convention de Kyoto révisée
CNUCED	:	Conférence des Nations unies sur le commerce et le développement
ECCM	:	*ASEAN Experts Committee on Customs Matters*
GATT	:	Accord général sur les tarifs douaniers et le commerce
GIG	:	*Vietnam Governance for Inclusive Growth Project*
OCDE	:	Organisation de coopération et de développement économique
OMC	:	Organisation mondiale du commerce
OMD	:	Organisation mondiale des douanes
ONU	:	Organisation des Nations Unies
PMA	:	Pays les moins avancés
TSD	:	Traitement spécial et différencié
UNECE	:	*United Nations Economic Commission for Europe*
USAID	:	*United States Agency for International Development*
WTO	:	*World Trade Organization*

LISTE DES TABLEAUX ET GRAPHIQUES

Ordre	Libellé du tableau ou de la graphique	Page
Tableau 2.1	Dispositions de l'AFE relevant de la catégorie A notifiée par le Vietnam au Comité préparatoire de la facilitation des échanges le 31 juillet 2014	74
Tableau 2.2	Comparaison des engagements de la catégorie A du Vietnam avec ceux d'autres Membres de l'Asie du Sud-Est	76
Tableau 3.1	Indicateurs de la facilité du commerce transfrontalier du Vietnam	104
Tableau 3.2	Indice de la performance logistique du Vietnam depuis 2007	105
Tableau 3.3	Performance logistique des pays membres de l'ASEAN en 2016	106
Tableau 3.4	Evaluation du niveau de maîtrise par les agents douaniers des connaissances sur leur travail	110
Tableau 4.1	Feuille de route proposée pour la mise en œuvre par le Vietnam de l'AFE	129
Graphique 3.1	Appréciation du travail des agents douaniers par les entreprises	109
Graphique 3.2	Prévision sur la réduction du coût du commerce chez les pays de l'ASEAN (en pourcentage)	114

Graphique 3.3	Performance du Vietnam et les pays les plus performants dans le domaine de la facilitation des échanges selon les indicateurs de l'OCDE en 2015	116
Graphique 3.4	Situation du paiement des frais non réglés par la loi	123
Graphique 3.5	Pourcentage des entreprises qui doivent payer des frais non réglés par la loi (2015)	123

INTRODUCTION

NGUYEN Ngoc Ha[*]

1. Problématique

Après de longues années de négociations, la 9ème conférence ministérielle de l'Organisation mondiale du commerce (l'OMC) à Bali (en Indonésie) en 2013 a permis d'aboutir à l'adoption de l'Accord sur la facilitation des échanges (l'AFE)[1]. Cet accord se compose de trois parties. La première partie contient des dispositions concernant les obligations des Membres de l'OMC en vue d'accélérer le mouvement, la mainlevée et le dédouanement des marchandises, y compris des marchandises en transit. Il prévoit en outre des mesures concernant la coopération effective entre les douanes et les autres autorités compétentes pour les questions de facilitation des échanges[2]. La deuxième partie comporte des dispositions relatives à la mise en œuvre de celles prévues dans la première partie. Les modalités de mise en œuvre visent notamment les Membres en développement et les Membres les moins avancés, en leur permettant de bénéficier du traitement spécial et différencié (le TSD) dans la

---

[*] Docteur, Enseignant du droit international économique à l'École supérieure de commerce extérieur de Hanoï (Vietnam).

[1] OMC, *Déclaration ministérielle de Bali*, adoptée le 7 décembre 2013, WT/MIN(13)/DEC ; OMC, *Accord sur la facilitation des échanges – décision ministérielle du 7 décembre 2013*, WT/MIN(13)/36, WT/L/911 ; Centre du commerce international, *Accord de facilitation des échanges de l'OMC : Guide du commerce pour les pays en développement*, Genève, 2013, pp. 1-6, disponible sur : http://www.intracen.org/uploadedFiles/intracenorg /Content/Publications/C-Usersadeagbo-DesktopFACILITATIONFRENCHWTO%20T%20(1).pdf (consulté le 15 janvier 2016). Voir également : H. HOHMANN, « Trade Facilitation within the Doha-Round : A Critical Review of Recent Efforts Inside and Outside the WTO », *Manchester Journal of International Economic Law*, 2005, vol. 2, n°. 2, pp. 45-53 ; S. CRESKOFF, « The WTO Trade Facilitation Negotiations : It's Time to Agree on Basic Principles », *Global Trade and Customs Journal*, 2008, vol. 3, n°. 5, pp. 149-162.

[2] Voir les articles 1 à 12 de cet Accord

détermination du moment de mise en œuvre de différentes dispositions de l'AFE[3]. En vue d'en bénéficier, cet accord exige qu'un Membre doive classer chaque disposition de l'accord selon les trois catégories A, B et C en fonction de sa possibilité de la mettre en œuvre immédiatement (la catégorie A), avec une durée de transition (la catégorie B) ou avec la fourniture d'assistance technique et de soutien en vue de renforcer ses capacités (la catégorie C). Enfin, la troisième partie de l'AFE prévoit la création du Comité de facilitation des échanges au sein de l'OMC et de comités nationaux de la facilitation des échanges dans chaque Membre.

Le 27 novembre 2014, les Membres de l'OMC ont adopté un protocole d'amendement afin d'insérer cet accord dans l'Annexe 1A de l'Accord sur l'OMC[4]. Pour qu'il entre en vigueur, il en nécessite la ratification des deux tiers des Membres de l'OMC[5]. Jusqu'en juillet 2017, 122 Membres (dont l'Union européenne et ses 28 pays membres) l'ont officiellement achevé leur procédure de ratification interne[6]. Grâce à cela, cet accord est officiellement entré en vigueur le 22 février 2017 et passe maintenant à l'étape d'être mis en œuvre.

Le Vietnam a également achevé cette procédure et a déposé sa notification à l'OMC le 15 décembre 2015. Cela démontre une forte volonté politique des autorités vietnamiennes en vue d'améliorer la compétitivité de l'économie, d'impulser les transactions d'import-export et de diminuer les couts de transactions au profit des entreprises opérant sur le marché du Vietnam. En effet, cette ratification n'était qu'une étape dans une stratégie plus vaste du Vietnam de mettre en œuvre des initiatives visant la facilitation des échanges dont le Vietnam a fait partie[7].

---

[3] Voir les articles 13 à 22 de cet Accord.

[4] OMC – Conseil général, *Protocole portant amendement de l'Accord de Marrakech instituant l'Organisation mondiale du commerce*, décision du 27 novembre 2014, WT/L/940.

[5] Conformément à l'article X.3 de l'Accord sur l'OMC.

[6] Voir la liste des Membres ayant ratifié le Protocole d'amendement sur : https://www.wto.org/english/tratop_e/tradfa_e/tradfa_agreeacc_e.htm (url consultée le 12 août 2017). Le dernier Membre en ayant notifié à l'OMC sa ratification, datée le 12 juillet 2017, est le Malawi.

[7] Par exemple, l'initiative de l'ASEAN sur le guichet unique de la douane. Voir : M. Q. NGUYEN, « Status and Challenges of Trade Facilitation and Supply

Toutefois, étant un nouvel accord de l'OMC qui comporte des dispositions dépassant le cadre juridique actuel du Vietnam dans ce domaine, cette ratification indique également que le Vietnam affrontera des difficultés et obstacles que la mise en œuvre de cet accord pourrait provoquer. Il s'agit peut-être des changements institutionnels et juridiques pour assurer la compatibilité des lois et réglementations internes avec ces règles nouvelles. En outre, en tant que Membre en développement de l'OMC, le Vietnam bénéficiera des dispositions contenues dans la deuxième partie de cet accord. Dès lors, les difficultés qui se poseraient pour ce pays concernent la détermination des dispositions selon les trois catégories et des délais pour l'application de celles de chaque catégorie. Le manque d'expertise et les faibles capacités du Vietnam en la matière pourraient influencer de manière néfaste l'efficacité de cette mise en œuvre.

En somme, l'application de l'AFE posera au Vietnam des questions, aussi juridiques que pratiques, difficiles, semble-t-il, à résoudre. Est-ce que les lois et réglementations internes en vigueur du Vietnam sont compatibles avec les dispositions de cet accord ? Quels changements seront nécessaires au Vietnam pour assurer l'efficacité de cette mise en œuvre ? À quels obstacles le Vietnam doit-il faire face? Quelles sont les implications pour les acteurs privés du processus de mise en œuvre ?... Répondre à ces questions nous demande de mener une étude complète et approfondie sur les implications de la mise en œuvre de l'AFE pour le Vietnam, surtout dans le contexte où l'AFE est déjà entré en vigueur.

2. Contexte de la recherche

Ce projet de recherche sera mené dans un contexte où la question de facilitation des échanges n'est pas nouvelle au plan international (2.1). Toutefois, l'adoption et l'entrée en vigueur de l'AFE pourraient générer des bénéfices importants pour les Membres qui l'acceptent (2.2). Pour le Vietnam en particulier, la facilitation des

---

Chain Efficiency Improvements in Vietnam : Economic Corridors for Trade Facilitation », *Asia-Pacific Trade Facilitation Forum 2011*, COEX, Seoul, 05 October 2011, p. 4, disponible sur : unnext.unescap.org/tfforum11_c2_quyen.pdf (url consultée le 15 janvier 2016).

échanges constitue d'ores et déjà une des questions vives dans l'amélioration de la compétitivité de son économie (2.3).

2.1. Facilitation des échanges – une question qui n'est pas nouvelle

Dans le commerce international, la facilitation des échanges ne constitue pas une question nouvelle. Toutefois, elle est une question impliquant les actions de plusieurs acteurs dans le monde, y compris les organisations internationales, telles que l'OMC, l'Organisation des Nations unies (l'ONU), l'Organisation de coopération et de développement économique (l'OCDE), l'Organisation mondiale des douanes (l'OMD), la Banque mondiale…[8]

Il n'existe pas de définition commune de la facilitation des échanges[9]. Dans le cadre de l'OMC, la facilitation des échanges s'entend par « la simplification et l'harmonisation des procédures internationales du commerce » avec les procédures commerciales qui sont « les activités, les pratiques et les formalités utilisées pour collecter, présenter, communiquer et fournir des données permettant le mouvement des biens dans le commerce international »[10].

---

[8] A. GRAINGER, « Trade Facilitation : A Conceptual Review », *Journal of World Trade*, 2011, vol. 45, n°. 1, pp. 42-44.

[9] Centre du commerce international, *op. cit.*, p. 1 ; A. GRAINGER, *ibid.*, p. 41. La définition donnée par l'OCDE est *« the simplification, standardization and harmonization of procedures and associated information flows required to move goods from seller to buyer and to make payment »* (OECD, *Business Benefits of Trade Facilitation, Working Party of the Trade Committee*, Paris, 2001, TD/TC/WP(2001), p. 21). A. Grainger a également proposé une définition de la facilitation des échanges comme la suivante : « La facilitation des échanges passe en revue les possibilités en matière d'amélioration des procédures régissant le mouvement transfrontalier des marchandises en vue de réduire les coûts y afférents et aboutir à une efficacité optimale tout en sauvegardant les objectifs réglementaires légitimes » (A. GRAINGER, *ibid.*, p. 42 ; A. GRAINGER, « Argumentaire pour la facilitation des échanges dans la pratique », disponible sur : http://www.wcoomd.org/fr/media/newsroom/2012/june/~/media/C8B48F1E5F484BA3B2F1E2775B646752.ashx (consulté le 15 janvier 2016)).

[10] WTO, « WTO : a Training package, What is Trade Facilitation », disponible sur: www.wto.org/english/thewto-e/whatis-e/eol/e/wto02/wto2_69.htm # note2 (consulté le 10 janvier 2016).

Selon A. Grainger, la facilitation des échanges consiste en quatre contenus clés : la simplification et l'harmonisation des règles et procédures applicables ; la modernisation des systèmes de conformité commerciale, notamment celui de partage de l'information et de dépôt des déclarations entre les entreprises et les autorités gouvernementales ; l'administration et la gestion des procédures commerciales et douanières ; et enfin, les mécanismes institutionnels pour assurer la mise en œuvre effective des principes et règles régissant la facilitation des échanges et l'engagement progressif de la réforme[11].

Si ces mesures sont mises en œuvre, elles produiront des effets positifs non seulement pour les États mais également pour les entreprises. Il s'agit de la baisse des coûts de transaction ; l'augmentation de la productivité des douanes ; l'amélioration de la collecte des taxes aux frontières ; l'augmentation des investissements étrangers directs ; ou bien la garantie du bon fonctionnement des chaînes d'approvisionnement des pays en développement[12].

Dès lors, comme ce qu'on l'a décrit, la facilitation des échanges constitue un sujet « gagnant-gagnant » à la fois pour les pays développés et les pays en développement, « dans la mesure où personne ne doit y perdre »[13]. John S. Wilson et *al.* ont indiqué dans leurs recherches des bénéfices concrets de la facilitation des échanges :

> *« A 3 percent reduction in landed costs applied to intra-APEC merchandise trade, as might be obtained by electronic documentation, reduces trade costs by US$60 billion. A 1 percent reduction in import prices for the industrial countries and the newly industrializing countries of Korea, Chinese Taipei and Singapore, and a 2 percent reduction for the other developing countries yields an increase in APEC merchandise*

---

11 A. GRAINGER, *ibid.*, p. 45.

12 J. S. WILSON, C. L. MANN & T. OTSUKI, "Assessing the potential benefit of Trade Facilitation: A Global Perspective", *World Bank Policy Research Working Paper N°. 3224*, 2004, 40 p.; J. S. WILSON, C. L. MANN & T. OTSUKI, "Trade Facilitation and Economic Development: Measuring the Impact", *World Bank Policy Research Working Paper N° 2988*, 2003, 43 p.; A. GRAINGER, *op.cit.*, p. 45.

13 A. GRAINGER, *op.cit.*, p. xi.

trade of 3.3 percent – meaning the elasticity of trade facilitation efforts to trade flows is greater than 1. Considering global estimates, a 1 percent reduction in the cost of maritime and air transport services in the developing countries could increase global GDP some US$7 billion (1997 dollars). If trade facilitation is considered in a broader sense to include an improvement in wholesale and retail trade services, an additional US$7 billion could be gained by a 1 percent improvement in the productivity of that sector »[14].

Les études menées par d'autres auteurs[15] montrent également les mêmes effets de la facilitation des échanges pour l'économie mondiale et celle des pays en développement.

Toutefois, il existe toujours un écart du niveau de mise en œuvre des mesures visant la facilitation des échanges entre les pays. C'est pour cette raison qu'un nombre considérable d'organisations internationales ont mis en place des instruments pour assurer une application harmonisée et efficace de ces mesures. Pour sa part, l'OMC a lancé sa propre initiative. Il s'agit des négociations sur ce sujet qui ont permis d'aboutir à l'AFE.

---

[14] J. S. WILSON, C. L. MANN & T. OTSUKI, *op.cit.*, pp. 4-5.

[15] Voir par exemple : OECD, « The Costs and Benefits of Trade Facilitation », *Policy Brief*, October 2005, p. 3, disponible sur : http://www.oecd.org/trade/facilitation/35459690.pdf (url consultée le 20 septembre 2016) ; ADB & ESCAP, *Designing and Implementing Trade Facilitation in Asia and the Pacific – 2013 Update*, Mandaluyong City, Asian Development Bank, 2013, pp. 6-9 ; T. T. NGUYEN et *al.*, « Trade Facilitation in ASEAN Members – A Focus on Logistics Policies Toward ASEAN Economic Community », *SECO/WTI Academic Cooperation Project Working Paper Series 2014/01*, 2014, p. 6.

2.2. Accord sur la facilitation des échanges de l'OMC

Bien que le GATT comporte déjà des règles visant la facilitation des échanges[16], elles ne suffissent pas[17]. À l'aube de la création de l'OMC, la facilitation des échanges a constitué une des questions majeures pour les négociations futures. Lors de la première Conférence ministérielle à Singapour en 1996, elle avait été considérée comme une des quatre questions dites de Singapour[18]. Ensuite, la Déclaration ministérielle de Doha de 2001 a précisé que le Conseil du commerce des marchandises devait : « examiner et, selon qu'il sera approprié, clarifier et améliorer les aspects pertinents des articles V, VIII et X du GATT de 1994 ; et identifier les besoins de facilitation des échanges ainsi que les priorités des Membres, en particulier des pays en développement et des pays les moins avancés en matière de facilitation des échanges »[19]. Ce paragraphe, qui ne constituait pas encore un mandat de négociation, a néanmoins indiqué la volonté des Membres de l'OMC de clarifier la portée et les termes des négociations futures dans ce domaine[20]. C'est en 2004 que la facilitation des échanges a été officiellement insérée à

---

16 Voir les articles V (liberté de transit), VIII (redevances et formalités) et X (transparence) du GATT.

17 Par exemple, l'article VIII du GATT concernant les redevances et formalités ont fait l'objet de nombreux règlements des différends au sein de l'OMC. Ces différends ont fait valoir une grande nécessité d'apporter à cet article des clarifications et des améliorations, notamment relatives à la garantie d'une meilleure prévisibilité et fiabilité des procédures ; à une limite des redevances et frais basée sur les coûts ; à l'utilisation des normes internationales ; à l'adoption d'un guichet unique pour les déclarants en douanes, etc. Sur cette question, voir surtout : Centre du commerce international, *op. cit.*, pp. 7-9.

18 Il s'agit de commerce et investissement ; commerce et politique de la concurrence, transparence des marchés publics et facilitation des échanges. Voir : OMC, Déclaration ministérielle de Singapour, adoptée le 13 décembre 1996, WT/MIN(96)/DEC. En ce qui concerne la facilitation des échanges, les Membres avaient décidé : « d'entreprendre un travail exploratoire et analytique, en puisant dans le travail des autres organisations internationales pertinentes, sur la simplification des procédures commerciales, afin d'évaluer la portée des règles de l'OMC dans ce domaine » (OMC, *ibid.*, para. 21).

19 OMC, *Déclaration ministérielle de Doha, adoptée le 20 novembre 2001*, WT/MIN(01)/DEC/1, para. 27.

20 Centre du commerce international, *op.cit.*, p. 4.

l'agenda de négociations du cycle de Doha[21]. Le mandat de négociation a déterminé trois priorités : règles du GATT ; assistance technique et renforcement des capacités ; et infrastructure[22]. Les négociations consécutives se sont tenues au sein du groupe de négociation sur la facilitation des échanges créé en 2004[23].

L'accord final a été adopté à la Conférence ministérielle de Bali en décembre 2013. Il s'agit du premier fruit du cycle de Doha. Comme Pascal Lamy l'a affirmé, l'entrée en vigueur de cet accord pourrait produire des effets positifs. Il s'agirait d' « accélérer le mouvement des biens à travers les frontières, améliorer la transparence et la prévisibilité du commerce, et donc de faire des affaires »[24]. Des études quantitatives ont permis de confirmer ces constats en indiquant qu'il pourrait réduire le coût du commerce entre 350 et 1000 milliards de dollars américains et augmenter les échanges mondiaux entre 33 et 100 milliards de dollars américains en exportations globales annuelles et 67 milliards de dollars américains en PIB global[25]. Pour les pays en développement, cet accord pourrait leur apporter une augmentation estimée des échanges de 1000 milliards de dollars américains et induire une croissance accrue du PIB de 520 milliards de dollars américains par an[26].

Malgré ces bénéfices, les pays en développement ont des inquiétudes sur la mise en œuvre de l'AFE. Ces inquiétudes consistent tout d'abord en l'inachèvement du cycle de Doha qui ne permet pas

---

21 OMC, *Programme de travail de Doha – Décision adoptée par le Conseil général le 1er août 2004*, WT/L/579, p. 4 et annexe D.

22 *Ibid.*, WT/L/579, annexe D.

23 Sur l'histoire de ces négociations, voir : OMC, « Négociations sur la facilitation des échanges », disponible sur : https://www.wto.org/french/tratop_f/tradfa_f/tradfa_negoti_f.htm (consulté le 16 janvier 2016).

24 OMC, *Discours de Pascal Lamy devant le Chambre de commerce de Chittagong au Bangladesh*, février 2013, disponible sur : http://www.wto.org/french/news_f/sppl_f/sppl265_f.htm (consulté le 16 janvier 2016).

25 Centre du commerce international, *op.cit.*, p. 3.

26 G. HUFBAUER & J. SCHOTT, « The Payoff from the World Trade Agenda », The Peterson Institute for International Economics, *Report to the International Chamber of Commerce Research Foundation*, April 2013, p. 11, disponible sur : http://www.iccwbo.org/Data/Documents/Global-Influence/World-Trade-Agenda/Related-documents/Payoff-from-the-World-Trade-Agenda-2013/ (consulté le 16 janvier 2016).

encore de justifier de nouvelles règles dans d'autres domaines[27] qui pourraient aller de pair avec celui-ci. Elles sont également liées à la crainte des changements structurels et institutionnels internes qui demanderaient des coûts considérables que le budget étatique ne serait pas capable d'absorber.

Toutefois, B. Rippel a fait valoir que les coûts à long terme de la non mise en œuvre de l'AFE seraient plus élevés que ceux d'une mise en œuvre immédiate, dans mesure où les échanges ne seraient pas facilités, d'où la perte de la croissance économique et la diminution des échanges à tout niveau[28]. Cet argument encourage dès lors la ratification progressive de l'AFE par l'ensemble des Membres de l'OMC. Son entrée récente en vigueur en constitue déjà une bonne justification.

2.3. État des lieux de la facilitation des échanges au Vietnam

Depuis la réforme de 1986, l'impulsion des exportations et l'attraction des investissements étrangers constituent des objectifs majeurs dans la politique économique du Vietnam. Récemment, la facilitation des échanges fait également partie d'une stratégie plus vaste du gouvernement vietnamien de réforme des procédures administratives pour améliorer la compétitivité de l'économie. C'est pour cette raison que des mesures ont été mises en place. L'on peut citer, par exemple, la décision n° 48/2011/QĐ-TTg du Premier ministre vietnamien, datée du 31 août 2011, sur la mise en œuvre pilote du mécanisme douanier de guichet unique national ; l'entrée en vigueur de la loi sur les douanes de 2014 qui a permis de réduire le nombre des procédures douanières à 128 (par rapport à 153 procédures auparavant) ; la mise en place d'une plateforme permettant les déclarations et la collecte des taxes en ligne ; la signature d'un

---

[27] Centre du commerce international, *op.cit.*, p. 5.

[28] B. RIPPEL, « Why Trade Facilitation is important for Africa », Africa Trade Policy Notes n°. 27, november 2011, disponible sur : http://web.worldbank.org/WBSITE/EXTERNAL/COUNTRIES/AFRICAEXT/EXTAFRREGTOPTRADE/0,,contentMDK:23053487~pagePK:34004173~piPK:34003707~theSitePK:502469,00.html (consulté le 17 janvier 2016).

protocole pour mettre en œuvre du mécanisme du guichet unique de l'ASEAN…[29]

Toutefois, les résultats obtenus jusqu'ici ne sont pas à la hauteur des attentes. Selon l'indice *Doing Business* de la Banque mondiale, le classement global du Vietnam en 2016 est au 90ème rang (soit une amélioration de trois points par rapport à l'année de 2015). En ce qui concerne la facilitation des échanges (à travers le critère du commerce transfrontalier), le Vietnam est classé en basse position, soit au 99ème rang de 189 pays dans le classement global (soit une diminution d'un point par rapport à l'année de 2015)[30]. Tous les indices constituant ce critère sont nettement plus faibles que certains pays de l'ASEAN[31]. Ladite situation semble correspondre à ce que l'auteur M. Q. NGUYEN a constaté :

> *« Some performs worst in terms of trade facilitation such as administrative procedures and electronic business documents in many state agencies have not been property standardized or harmonized. Computer network systems of some state agencies are disconnected each other and database cannot synchronized based on international standards »*[32].

L'étude en 2013 de D. M. PHAM et ses collègues a ajouté une autre raison. Des agences douanières ont été classées en troisième

---

[29] Hải quan Việt Nam (Douanes du Vietnam), « Cải cách thủ tục hành chính trong lĩnh vực hải quan từ tháng 8/2014 đến nay » (La réforme des procédures administratives dans le secteur douanier depuis le mois de août 2014 jusqu'ici), disponible sur : http://www.customs.gov.vn/Lists/HaiQuanVietNam/Details.aspx?List=74c 6bc80-f976-4544-a90e-a90f0cbefddc&ID=481&ContentTypeId=0x01009F0BD5F1CCEE4A43AC75412DE23ADF3D (url consultée le 16 janvier 2016).

[30] Voir : http://francais.doingbusiness.org/data/exploreeconomies/vietnam#trading-across-borders (url consultée le 16 janvier 2016).

[31] Par exemple, le délai à l'exportation au Vietnam était de 60 heures, celui de l'Indonésie : 15 heures, de la Malaisie : 48 heures, de Singapour : 12 heures, de la Thaïlande : 51 heures ; le délai à l'importation (respect des exigences en matière de documentation) : 106 heures au Vietnam par rapport à 3 heures à Singapour, 4 heures en Thaïlande, à 10 heures en Malaisie ; coût à l'importation (respect des exigences en matière de documentation) : 183 USD au Vietnam par rapport à 40 USD à Singapour, à 43 USD en Thaïlande, à 60 USD en Malaisie et à 160 USD en Indonésie.

[32] M. Q. NGUYEN, *op.cit.*, p. 10.

position des organes étatiques les plus corrompus au Vietnam. Deux autres organes impliqués dans la facilitation des échanges au Vietnam comptent aussi parmi les cinq organes les plus corrompus, dont la police de la route et le département national de la gestion des transports. Cette situation a ralenti les réformes concernées[33]. De plus, la création récente d'un comité national de la facilitation des échanges ne permet pas encore au Vietnam de coordonner les autorités étatiques compétentes dans ce domaine et de mobiliser les ressources nécessaires en vue de la promouvoir et de l'impulser.

Cette situation exige que le Vietnam doive faire davantage en vue de l'amélioration de ses procédures administratives et d'autres problèmes touchant la facilitation des échanges.

3. Objectifs de la recherche

Pour assurer la mise en œuvre de l'AFE au Vietnam, il est important de bien comprendre le contenu de l'AFE. Cette recherche vise tout d'abord à clarifier et analyser les dispositions substantielles dudit accord. Ensuite, elle a pour objectif d'examiner la compatibilité des lois et réglementations actuelles du Vietnam en cette matière avec les dispositions de l'AFE, d'où la détermination des changements nécessaires pour assurer le respect par le Vietnam de cet accord. Elle vise ensuite à faire le point sur la situation actuelle de la facilitation des échanges au Vietnam et à analyser les enjeux pratiques de la mise en œuvre de l'AFE pour le Vietnam. Enfin, quelques recommandations seront proposées surtout dans le but d'assurer la réussite de la mise en œuvre de l'AFE au Vietnam.

4. Méthodologie

La méthodologie utilisée dans cette recherche est tout d'abord l'analyse comparative. La comparaison entre les lois et réglementations en la matière du Vietnam et les dispositions de l'AFE est tout à fait possible et nécessaire. Elle est possible, parce que, comme les analyses ci-dessus l'ont indiqué, la législation vietnamienne existe déjà dans ce domaine : le Vietnam a récemment promulgué et mis

---

[33] D. M. PHAM et al., « Trade Facilitation, Value Creation, and Competitiveness : Policy implications for Vietnam's Economic Growth - Summary Report », National Committee for International Economic Cooperation of Vietnam & The World Bank, Report N° ACS1510, 2013, p. 24.

en place des politiques pour impulser cette facilitation. Elle est nécessaire du fait que dès que l'AFE entre en vigueur, assurer la compatibilité des lois et réglementations internes avec ses dispositions constituera une obligation de tout Membre de l'OMC qui en a achevé les procédures de ratification, dont le Vietnam.

La méthodologie consiste ainsi à interviewer certains experts dans ce secteur au Vietnam. Cette méthode nous permettra de trouver les difficultés et les obstacles auxquels le Vietnam devrait faire face lors de sa mise en œuvre de l'AFE. Dans ce projet, nous utilisons également les résultats de certaines enquêtes menées par la Chambre du commerce et de l'industrie du Vietnam (la VCCI) ainsi que les résultats du Vietnam dans les indices *Doing business* et de performance logistique de la Banque mondiale. Ces résultats nous aideront, d'une part, à clarifier la situation actuelle de la facilitation des échanges au Vietnam, et d'autre part, à évaluer la satisfaction des entreprises opérant sur le marché vietnamien aux efforts déployés en l'occurrence par les autorités vietnamiennes compétentes.

Les méthodes d'analyse et de synthèse sont également utilisées dans cette recherche.

5. Plan de la recherche

Pour trouver et justifier les implications de la mise en œuvre de l'AFE pour le Vietnam, il est nécessaire d'analyser le contenu principal de l'AFE (chapitre 1). Les implications pourront être ensuite examinées sous deux angles juridique et pratique. Sous l'angle juridique, les analyses se concentreront notamment sur la compatibilité du droit interne du Vietnam avec l'AFE (chapitre 2). Puis, les problèmes pourront être nés de la pratique. Dès lors, l'accent sera mis sur les questions pratiques (chapitre 3). En se basant sur ces analyses, quelques recommandations seront proposées en vue d'assurer une mise en œuvre effective de l'AFE au Vietnam (chapitre 4).

En somme, le contenu principal de cette recherche est divisé en quatre chapitres :

Chapitre 1 : Étude analytique de l'Accord sur la facilitation des échanges

Chapitre 2 : Mise en œuvre de l'Accord sur la facilitation des échanges de l'OMC au Vietnam d'un point de vue juridique

Chapitre 3 : Mise en œuvre de l'Accord sur la facilitation des échanges de l'OMC au Vietnam d'un point de vue pratique

Chapitre 4 : Recommandations

CHAPITRE 1

ÉTUDE ANALYTIQUE DE L'ACCORD SUR LA FACILITATION DES ÉCHANGES DE L'OMC

NGUYEN Thi Kim Oanh[*]

Rappelons que l'AFE, qui vise à clarifier et à compléter les articles V (Liberté de transit), VIII (Redevances et formalités se rapportant à l'importation et à l'exportation) et X (Publication et application des règlements relatifs au commerce) du GATT de 1994, est structuré en trois sections avec 24 articles et un préambule. La première section contient 12 articles portant sur les obligations essentielles tenues par les Membres de l'OMC dans le but de faciliter des échanges. La deuxième section comporte 10 articles relatifs au traitement spécial et différencié (TSD) en faveur des Membres en développement et des Membres les moins avancés dans la mise en œuvre de l'AFE. La troisième section contient les deux derniers articles 23 et 24. L'article 23 tend à instituer un nouvel organe de l'OMC, le Comité de la facilitation des échanges, qui se transcrit également au niveau national puisque chaque Membre doit établir, en son sein, un comité national de la facilitation des échanges. L'article 24 détermine des modalités de l'entrée en vigueur de l'AFE pour les Membres.

L'analyse du contenu de l'AFE sera divisée en deux parties : d'abord, les règles de fond, qui concernent les 12 premiers articles de la section 1 (1.1), puis la procédure de mise en œuvre, qui considère les 12 articles des sections 2 et 3 (1.2). Enfin, quelques évaluations seront envisagées (1.3).

[*] Enseignante du droit international économique à l'École supérieure de commerce extérieur de Hanoï (Vietnam).

1.1. RÈGLES DE FOND

La première section de l'AFE énonce les obligations essentielles des Membres quant à l'assurance de transparence des règlements relatifs au commerce (1.1.1), aux redevances et aux formalités liées à l'importation, l'exportation et le transit (1.1.2) et à la coopération douanière (1.1.3).

1.1.1. Les obligations en matière de la transparence

Les obligations relatives à la transparence sont prévues à l'ensemble des articles 1 à 5 de l'AFE. Plus précisément :

i. Article 1 : Publication et disponibilité des renseignements

L'un des facteurs qui influencent fortement la transparence du commerce international est l'accès aux informations. En effet, si les lois et les règlements relatifs à l'importation, à l'exportation et au transit des marchandises sont difficilement accessibles, l'accomplissement des formalités douanières nécessitera plus de temps pour assurer la conformité à ces règles. Afin de favoriser l'accessibilité aux règles dans le domaine douanier, l'article premier de l'AFE, dans son premier paragraphe, exige des Membres de publier promptement les informations suivantes :

« a) procédures d'importation, d'exportation et de transit (y compris dans les ports, les aéroports et aux autres points d'entrée) et formulaires et documents requis;

b) taux de droits appliqués et taxes de toute nature imposées à l'importation ou à l'exportation, ou à l'occasion de l'importation ou de l'exportation;

c) redevances et impositions imposées par ou pour des organismes gouvernementaux à l'importation, à l'exportation ou en transit, ou à l'occasion de l'importation, de l'exportation ou du transit;

d) règles pour la classification ou l'évaluation des produits à des fins douanières;

e) lois, réglementations et décisions administratives d'application générale relatives aux règles d'origine;

f) restrictions ou prohibitions à l'importation, à l'exportation ou en transit;

g) pénalités prévues en cas de non-respect des formalités d'importation, d'exportation ou de transit;

h) procédures de recours ou de réexamen;

i) accords ou parties d'accords conclus avec un ou plusieurs pays concernant l'importation, l'exportation ou le transit; et

j) procédures relatives à l'administration des contingents tarifaires »[34].

Généralement, les exigences[35] de l'article X.1 de GATT de 1994 concernant la publication et l'application des règlements relatifs au commerce sont toutes incorporées dans cet article. De plus, l'article premier de l'AFE ajoute certains renseignements qui sont définis au paragraphe 1.1.a), c), e), g), h) et j).

Ensuite, l'obligation de publier des informations sur l'internet est une amélioration de l'article X de GATT 1994 qui exige seulement que les informations soient publiées "de façon à permettre aux gouvernements et aux commerçants d'en prendre connaissance". Avec l'AFE, la publication sur l'internet et dans une des langues officielles de l'OMC est obligatoire pour les renseignements suivants: « a) une description de ses procédures d'importation, d'exportation et de transit, y compris les procédures de recours ou de réexamen, qui informe les gouvernements, les négociants et les autres parties intéressées des démarches pratiques nécessaires aux

---

[34] Article 1.1 de l'AFE.

[35] Article X.1 du GATT 1994 prévoit que : « 1. Les lois, règlements, décisions judiciaires et administratives d'application générale rendus exécutoires par toute partie contractante qui visent la classification ou l'évaluation de produits à des fins douanières, les taux des droits de douane, taxes et autres impositions, ou les prescriptions, restrictions ou prohibitions relatives à l'importation ou à l'exportation, ou au transfert de paiements les concernant, ou qui touchent la vente, la distribution, le transport, l'assurance, l'entreposage, l'inspection, l'exposition, la transformation, le mélange ou toute autre utilisation de ces produits, seront publiés dans les moindres délais, de façon à permettre aux gouvernements et aux commerçants d'en prendre connaissance. Les accords intéressant la politique commerciale internationale et qui seraient en vigueur entre le gouvernement ou un organisme gouvernemental de toute partie contractante et le gouvernement ou un organisme gouvernemental d'une autre partie contractante seront également publiés... ».

fins de l'importation, de l'exportation et du transit; b) les formulaires et documents requis pour l'importation sur, ou l'exportation à partir de, son territoire, ou pour le transit par son territoire; c) les coordonnées de son (ses) point(s) d'information »[36].

Cette obligation assure un accès favorisé pour un large public aux informations nécessaires afin d'effectuer des transactions d'importation, d'exportation et de transit. Grâce à cela, les entreprises peuvent préparer à distance les formulaires et les procédures de transactions, ainsi que d'accéder aux mises à jour de tous les renseignements[37]. Cela permet donc de réduire non seulement les coûts d'opérations pour les entreprises, mais aussi les risques de corruption auprès des autorités douanières.

Par ailleurs, selon le paragraphe 3 de l'article premier, les Membres sont tenus d'établir ou maintenir les « points d'information pour répondre aux demandes raisonnables présentées par des gouvernements, des négociants et d'autres parties intéressées au sujet des renseignements visés au paragraphe 1.1, et pour fournir les formulaires et documents requis mentionnés au paragraphe 1.1 a) »[38]. Chaque Membre peut fixer un délai raisonnable, qui varie selon la nature ou la complexité de la demande, pour répondre aux demandes de renseignements et fournir les formulaires et documents[39]. De surcroît, l'AFE encourage les Membres à ne pas exiger le paiement d'une redevance pour les réponses ni pour la fourniture des documents. Si, malgré tout, ils l'exigent, les Membres doivent limiter le montant de leurs redevances et impositions au coût approximatif des services rendus[40]. Pour les Membres qui font partie d'une union douanière ou qui participent à un processus d'intégration régionale, les points d'information peuvent être communs au niveau régional, en accord avec la prescription énoncée au paragraphe 3.1 à propos des procédures communes[41].

---

[36] Article 1.2.1 de l'AFE.

[37] Centre du commerce international, *op.cit.*, p. 11.

[38] Article 1.3.1 de l'AFE.

[39] Article 1.3.4 de l'AFE.

[40] Article 1.3.3 de l'AFE.

[41] Article 1.3.2 de l'AFE.

Enfin, les Membres sont tenus de notifier au Comité de la facilitation des échanges de l'OMC[42] toutes les informations concernant : les supports officiels où sont publiés les renseignements visés au paragraphe 1.1, l'adresse universelle des sites internet prévus au paragraphe 2.1 et les coordonnées des points d'information nationaux.

L'article premier est ainsi véritablement un perfectionnement et porte des clarifications importantes à l'article X de GATT de 1994[43]. Il impose aux Membres l'obligation de publier tous les renseignements concernant l'importation, l'exportation et le transit, d'utiliser les sites internet pour certaines publications, d'établir des points d'information nationaux et de transmettre ces informations au Comité de la facilitation des échanges. Cela permet aux gouvernements et aux commerçants d'avoir un accès plus aisé et à moindre coût aux renseignements liés aux transactions commerciales[44].

ii. Article 2 : Possibilité de présenter des observations, renseignements avant l'entrée en vigueur et consultations

Si l'article premier de l'AFE est un perfectionnement, cet article 2 est pour sa part une addition de nouvelles obligations aux Membres par rapport à l'article X du GATT de 1994[45]. *Premièrement*, les Membres sont tenus de ménager aux négociants et aux autres parties intéressées des possibilités et un délai approprié pour formuler des observations sur l'introduction ou la modification projetées des lois et réglementations d'application générale relatives aux mouvements, à la mainlevée et au dédouanement des marchandises[46]. *Deuxièmement*, chaque Membre doit prévoir des consultations régulières entre ses organismes présents aux frontières d'une part et les négociants ou les autres parties prenantes implantés sur

---

42 Article 23.1.1 de l'AFE.

43 H. WANG, « The Agreement on Trade Facilitation and Its Implications : An Interpretative Perspective », *Asian Journal of WTO Law & International Health Law and Policy,* 2014, vol. 9, n°. 2, p. 465 ; D. ELMS, « After Bali : What Happens Next with ASIAN Trade Facilitation ? », *Asian Journal of WTO Law & International Health Law and Policy,* 2014, vol. 9, n°. 2, pp. 434-435.

44 Voir également : Centre du commerce international, *Accord de facilitation des échanges de l'OMC : Guide du commerce pour les pays en développement, op.cit.,* p. 11.

45 Centre du commerce international, *op.cit.,* p. 11.

46 Article 2.1.1 de l'AFE.

son territoire[47] d'autre part. Ces deux obligations permettent aux négociants et aux autres parties intéressées de prendre connaissance des règles modifiables et d'avoir le temps de préparer et de présenter leurs observations/propositions sur celles-ci. La possibilité de présenter les réactions venant de l'autre côté des transactions douanières peut aider des législateurs à améliorer les règles pour les rendre plus efficaces et plus équitables.

Troisièmement, l'article stipule que les Membres doivent publier, ou mettre à la disposition du public d'une autre manière, les lois et les réglementations d'application générale nouvelles ou modifiées relatives au mouvement, à la mainlevée et au dédouanement des marchandises, y compris les marchandises en transit[48], avant leur entrée en vigueur.

Il faut souligner que les modifications des taux de droits ou des taux de tarifs, les mesures d'atténuation, les mesures dont l'efficacité serait amoindrie du fait du respect des obligations ci-dessus, les mesures appliquées en cas d'urgence ou les petites modifications du droit interne et du système juridique sont toutes exclues des obligations ci-dessus[49].

iii. Article 3 : Décisions anticipées

L'expression « décision anticipée » est définie comme « une décision écrite communiquée par un Membre au requérant avant l'importation d'une marchandise visée par la demande qui indique le traitement que le Membre accordera à la marchandise au moment de l'importation » en ce qui concerne : le classement tarifaire de la marchandise et l'origine de la marchandise[50]. Les Membres sont encouragés à fournir d'autres informations importantes mais plus spécifiques telles que : la méthode ou les critères appropriés à utiliser pour déterminer la valeur en douane à partir d'un ensemble particulier de faits, et leur application ; l'applicabilité des prescriptions du Membre en matière d'exonération ou d'exemption des droits de douane ; l'application des prescriptions du Membre en matière de

[47] Article 2.2 de l'AFE.
[48] Article 2.1.2 de l'AFE.
[49] Article 2.1.3 de l'AFE.
[50] Article 3.9.a) de l'AFE.

contingents, y compris les contingents tarifaires[51]...

Cette décision est déjà connue et appliquée par plusieurs Membres qui sont parties de la Convention de Kyoto révisée (ci-après, CKR). Conformément aux dispositions 9.1 et 9.9 de la CKR, la douane communique des renseignements contraignants à la demande des personnes intéressées, pour autant qu'elle dispose de tous les renseignements qu'elle juge nécessaires concernant la législation douanière. Des "décisions anticipées" ou "renseignements contraignants", qui sont des réponses des douanes aux requêtes concernant les transactions de marchandises, constituent une assurance pour des importateurs et exportateurs sur les demandes relatives à la déclaration douanière avant le dédouanement et la mainlevée des marchandises[52].

La décision anticipée a d'abord pour but de faciliter la préparation à l'import ou l'export en faveur des commerçants. Elle doit être rendue dans un délai raisonnable et être valable suffisamment longtemps. En cas de refus, d'abrogation, de modification ou d'invalidation, les Membres doivent le notifier au requérant par écrit dans les plus brefs délais en indiquant les faits pertinents et le fondement de sa décision[53]. Par ailleurs, l'application de la décision anticipée montre un effort de l'OMC pour assurer la transparence des demandes des bureaux de douane et la facilitation de la déclaration des marchandises. En effet, le paragraphe 6 de l'article 3 prévoit que les Membres soient tenus de publier, au minimum : les prescriptions relatives à l'application d'une décision anticipée, y compris les renseignements devant être communiqués et leur mode de présentation ; le délai dans lequel il rendra une décision anticipée ; et la durée de validité de la décision anticipée. De plus, dans le cas des décisions

---

[51] Article 3.9.b) de l'AFE.

[52] Centre du commerce international, *op.cit.*, p. 12. Selon cette étude, en matière de décision anticipée, « le nouvel accord est une avancée majeure dans la facilitation des échanges ».

[53] Articles 3.1 et 3.4 de l'AFE. Voir les cas de refus dans l'article 3.2 : « Un Membre pourra refuser de rendre une décision anticipée à l'intention du requérant dans les cas où la question soulevée dans la demande:

a) fait déjà l'objet d'une procédure engagée par le requérant auprès d'un organisme gouvernemental ou devant une cour d'appel ou un tribunal; ou

b) a déjà fait l'objet d'une décision d'une cour d'appel ou d'un tribunal. »

anticipées qui présentent un intérêt notable pour les autres parties intéressées, chaque Membre s'efforce de mettre à la disposition du public tout renseignement en tenant compte de la nécessité de protéger les renseignements commerciaux confidentiels[54]. Enfin, la décision anticipée accroît la certitude et la prévisibilité des transactions de marchandises parce qu'elle est contraignante pour le bureau de douane vis-à-vis du requérant l'ayant demandée[55].

iv. Article 4 : Procédures de recours ou de réexamen

Le droit de recours ou de réexamen administratif et/ou judiciaire d'une personne pour une décision administrative rendue par les autorités douanières est énoncé à l'article 4.1 de l'AFE. Avant cet accord, l'article X.3 du GATT de 1994 a indirectement reconnu ce droit, par le biais de l'obligation des parties contractantes de maintenir ou d'instituer des procédures ou des tribunaux judiciaires, arbitraux ou administratifs afin de réviser et de rectifier dans les meilleurs délais les mesures administratives se rapportant aux questions douanières. Ici, il est entendu qu'aux fins de l'article 4, l'expression « décision administrative » couvre « les mesures administratives » au sens de l'article X[56]. La reconnaissance de ce droit doit contribuer à ce que les douanes prennent garde de ne pas faire un abus de pouvoir avant de rendre une décision douanière.

D'un point de vue procédural, les Membres sont tenus d'appliquer les procédures de recours ou de réexamen sans discrimination[57]. On peut comprendre ici que les procédures doivent être identiques pour tous les requérants, quelle que soit leur nationalité. Par ailleurs, ce droit de recours ou de réexamen permet à la personne intéressée que les douanes lui communiquent les explications de leur décision administrative, et lui permet d'engager des procédures nécessaires[58] si elle trouve que ses droits sont affectés par cette décision. De plus, chaque Membre s'engage à assurer à la personne intéressée, dans le cas où la décision sur le recours ou le réexamen n'aurait pas été rendue, le droit soit de demander un autre

[54] Article 3.8 de l'AFE.
[55] Article 3.5 de l'AFE.
[56] Note en bas de page n° 4 de l'AFE.
[57] Article 4.3 de l'AFE.
[58] Article 4.5 de l'AFE.

recours ou un autre réexamen devant l'autorité administrative ou l'autorité judiciaire, soit de saisir autrement l'autorité judiciaire[59]. Enfin, les Membres sont encouragés à rendre ces dispositions applicables à des décisions administratives prises par des organes compétents présents aux frontières autres que les douanes[60].

v. Article 5 : Autres mesures visant à renforcer l'impartialité, la non-discrimination et la transparence

L'article dernier de ce groupe définit les obligations des Membres quant à la notification de contrôle ou d'inspections renforcés, la rétention et les procédures d'essai.

Il existe des cas où l'importation de certains produits alimentaires, boissons ou aliments pour animaux peut affecter la santé des personnes et des animaux. On peut prendre quelques exemples tels que la viande venant de pays touchés par la maladie de la vache folle, qui menace la santé des gens ou bien des animaux, ou encore des végétaux qui affectent l'équilibre de l'écosystème d'un pays[61]. Dans ces cas, les Membres peuvent relever le niveau des contrôles ou des inspections à la frontière visant les produits alimentaires, les boissons ou les aliments pour les animaux afin de protéger la vie et la santé des personnes et des animaux ou de préserver des végétaux sur leur territoire grâce à leurs notifications ou orientations. Conformément à l'article 5.1 de l'AFE, ces notifications ou orientations doivent être émises sur la base du risque et doivent être appliquées de manière uniforme uniquement aux points d'entrée où les conditions sanitaires et phytosanitaires sur lesquelles la notification ou l'orientation sont fondées s'appliquent. De plus, lorsque les circonstances qui l'ont motivée n'existent plus ou s'il est possible de répondre aux circonstances nouvelles d'une manière moins restrictive pour le commerce, les Membres sont tenus de mettre fin à la notification ou à l'orientation, de la suspendre et de publier ou informer les parties intéressés dans les moins délais de ces changements[62].

---

[59] Article 4.4 de l'AFE.

[60] Article 4.6 de l'AFE.

[61] Sur cet exemple, voir surtout l'affaire : *CE – Mesures visant les viandes et les produits carnés (hormones)*, WT/DS26 et WT/DS48.

[62] Article 5.1 de l'AFE.

Quant à la rétention, chaque Membre a l'obligation d'informer promptement le transporteur ou l'importateur dans le cas où des marchandises déclarées pour l'importation sont retenues pour inspection par les douanes ou toute autre autorité compétente[63].

Enfin, en ce qui concerne les procédures d'essai, les importateurs et exportateurs sont habitués aux procédures d'essai avant de dédouanement et la mainlevée des marchandises. L'application de ces procédures selon le type de marchandise comme les laboratoires où les procédures d'essai peuvent être effectuées varient selon les dispositions de la législation nationale des Membres de l'OMC. Normalement, dans un cas de demande d'essai, les autorités douanières demandent à l'exportateur ou à l'importateur de fournir un échantillon à l'arrivée de marchandises déclarées pour l'importation. La qualité de l'échantillon est analysée par des laboratoires agréés par les douanes. La liste des laboratoires, comprenant leurs noms et adresses, doit être publiée et facilement accessible. Si le premier essai donne des résultats défavorables, chaque Membre est tenu d'accepter un second d'essai sur demande des parties intéressées et d'en accepter ainsi les résultats[64].

1.1.2. Les obligations relatives aux redevances et aux formalités liées à l'importation, à l'exportation et au transit

Ces obligations sont énoncées dans six articles de l'AFE (Articles 6 à 11). Plus concrètement :

i. Article 6 : Discipline concernant les redevances et impositions imposées à l'importation et à l'exportation ou à l'occasion de l'importation et de l'exportation, et les pénalités

Quand les commerçants réalisent des transactions commerciales transfrontalières, en sus des droits d'importation et d'exportation ou des autres taxes liées aux marchandises, ils doivent aussi payer des redevances et impositions se rapportant à l'import et à l'export.

Pour ce qui est du montant de ces redevances et impositions, l'article 6 de l'AFE et l'article VIII du GATT de 1994 s'accordent

[63] Article 5.2 de l'AFE.

[64] Article 5.3 de l'AFE.

sur ce qu'elles sont limitées au montant correspondant au coût approximatif des services rendus pour l'opération d'importation ou d'exportation spécifique en question ou à l'occasion de cette opération[65]. Ces deux articles prévoient également une réduction du nombre et de la diversité des redevances et impositions[66]. Les entreprises en profitent par une fixation du montant des redevances et impositions qui ne peuvent pas dépasser le « coût approximatif des services rendus » et une réduction des frais de services injustifiés fournis par les autorités douanières. En outre, la publication de toutes les informations sur l'application, le motif, l'autorité, le moment et les modalités du paiement de ces redevances et impositions suit les dispositions de l'article premier de l'AFE[67].

Par rapport à l'article VIII du GATT de 1994, l'article 6 de l'AFE est plus clair quant aux disciplines de pénalités[68]. En cas d'infraction aux lois, réglementations ou prescriptions procédurales d'un Membre en matière douanière, les pénalités imposées par les autorités douanières de ce Membre doivent être rendues uniquement à la (aux) personne(s) responsable(s) de l'infraction en vertu de sa législation, en fonction des faits et des circonstances de l'affaire et de manière proportionnelle avec le degré et la gravité de l'infraction[69]. Chaque Membre doit fournir à telle ou telle personne des explications écrites précisant la nature de l'infraction et la loi, la réglementation ou la procédure applicables en vertu desquelles le montant ou la fourchette de la pénalité relative à l'infraction a été prescrit[70].

ii. Article 7 : Mainlevée et dédouanement des marchandises

Ce long article prévoit les obligations des Membres dans l'établissement et la mise en œuvre des procédures, étape par étape, pour la mainlevée et le dédouanement des marchandises. Il couvre les domaines suivants:

65 Article 6.2 de l'AFE et article VIII.1 du GATT de 1994.
66 Article 6.1 de l'AFE et article VIII.1 du GATT de 1994.
67 Article 6.1.2 de l'AFE.
68 Centre du commerce international, *op.cit.*, p. 14.
69 Article 6.3.2 et 6.3.3 de l'AFE.
70 Art 6.3.5 de l'AFE.

- *Traitement avant l'arrivée*

Le dédouanement et la mainlevée de marchandises aux points d'entrée constituent souvent une barrière au commerce en raison de leurs longues durées[71]. Normalement, les entreprises ne peuvent déclarer des marchandises qu'après leur arrivée à la douane. Cela peut retarder le dédouanement parce qu'à partir de ce moment-ci, la douane et les autres autorités compétentes commencent de réaliser certaines étapes qui pourraient être accomplies même avant l'arrivée des marchandises. Dans le but d'accélérer ce processus, l'OMC demande à ses Membres d'adopter ou de maintenir des procédures permettant de présenter les documents relatifs à l'importation et les autres renseignements requis pour commencer le traitement dès avant l'arrivée des marchandises[72]. De plus, l'obligation des Membres de prévoir le dépôt préalable des documents sous forme électronique pour le traitement avant l'arrivée de ces documents[73] permet encore d'accélérer la mainlevée des marchandises.

- *Paiement par voie électronique*

Dans le processus de dédouanement et de mainlevée, le déclarant en douane doit payer les droits, taxes, redevances et impositions nécessaires. Dans certains pays, ce paiement est traditionnellement fait en espèces ou par virement bancaire. Pourtant, l'OMC encourage ses Membres à adopter ou maintenir des procédures permettant de payer par voie électronique les droits, taxes, redevances et impositions recouvrés par les douanes à l'importation ou à l'exportation[74]. Cet engagement de l'OMC a pour but de faciliter le paiement en évitant les difficultés liées à la possession et au transport d'argent en espèces[75]. De surcroît, le paiement informatisé permet d'éviter des "extra-frais de facilitation de dédouanement" pendant les rencontres entre l'agent de douane et les commerçants.

- *Séparation de la mainlevée de la détermination finale des droits de douane,*

---

[71] Nations Unies – CNUCED, *Notes techniques sur les mesures de facilitation du commerce*, UNCTAD/DTL/TLB/2010/1, New York et Genève, 2011, p. 48.

[72] Article 7.1 de l'AFE.

[73] Article 7.1 de l'AFE.

[74] Article 7.2 de l'AFE.

[75] Centre du commerce international, *op.cit.*, p. 14.

taxes, redevances et impositions

Il faut d'abord distinguer les deux notions « mainlevée » et « dédouanement ». Selon le chapitre 2 de la CKR, la « mainlevée » est l'acte par lequel la douane permet aux intéressés de disposer des marchandises qui font l'objet d'un dédouanement, alors que le « dédouanement » est l'accomplissement des formalités douanières nécessaires pour mettre des marchandises à la consommation, pour les exporter ou encore pour les placer sous un autre régime douanier[76].

À partir de ces deux définitions, il apparaît donc que même si le dédouanement n'est pas encore accompli, les marchandises peuvent être libérées aux intéressés. Or, la détermination finale des droits de douane, taxes, redevances et impositions fait partie du processus de dédouanement. Aussi, la mainlevée des marchandises peut s'accomplir avant la détermination finale des droits de douane, taxes, redevances et impositions. Cela semble évident mais dans plusieurs pays, les autorités douanières n'autorisent la mainlevée des marchandises que lorsque toutes les questions liées à la transaction sont résolues, que les droits et taxes dus sont payés, et que le dédouanement est achevé[77]. Avec l'AFE, l'OMC exige que chaque Membre adopte ou maintienne des procédures permettant la mainlevée des marchandises avant la détermination finale des droits de douane, taxes, redevances et impositions[78], lorsque ceux-ci n'auront pas été déterminés avant l'arrivée, ou à l'arrivée, ou le plus rapidement possible après l'arrivée et à condition que toutes les autres prescriptions réglementaires[79] aient été satisfaites. Les Membres peuvent exiger une garantie sous la forme d'une caution, d'un dépôt ou d'un autre instrument approprié prévu dans leurs lois et réglementations mais cette garantie ne peut pas excéder le montant exigé par la douane pour assurer le paiement des droits de douane, taxes, redevances et impositions dus en définitive pour les marchandises

---

[76] OMD, CKR, annexe générale, chapitre 2: http://www.wcoomd.org/fr/topics/facilitation/instrument-and-tools/conventions/pf_revised_kyoto_conv/~/link.aspx?_id=2728B1988B6949CFB0C75904CB820CE2&_z=z (url consultée le 20 juillet 2016).

[77] Nations Unies – CNUCED, *op.cit.*, p. 41.

[78] Centre du commerce international, *op.cit.*, pp. 14-15.

[79] Article 7.3.1 de l'AFE.

couvertes par la garantie[80]. De plus, dans les cas où une infraction passible de pénalités pécuniaires ou d'amendes aura été détectée, une garantie pourra être exigée pour les pénalités et les amendes pouvant être imposées[81].

- *Gestion des risques*

Dans un nombre considérable des pays, les douanes continuent d'appliquer un régime d'inspection physique de 100%, c'est-à-dire que chaque cargaison est arrêtée et inspectée physiquement (partiellement ou totalement), ce qui provoque des retards aux postes frontaliers, aux ports et aux aéroports[82]. La mise en place d'un système de gestion des risques pour le contrôle douanier est encouragée chez les Membres de l'OMC afin de réduire ces délais. En évitant toute discrimination arbitraire ou injustifiée ou toute restriction déguisée au commerce international, l'OMC exige que chaque Membre accélère la mainlevée des envois présentant un risque faible et concentre le contrôle douanier sur les envois présentant un risque élevé[83]. L'évaluation de ces risques doit se baser sur des critères de sélection qui peuvent inclure le code du système harmonisé, la nature et la description des marchandises, le pays d'origine, le pays de départ de l'expédition, la valeur des marchandises, les antécédents des négociants pour ce qui est du respect des exigences, et le type de moyens de transport[84].

- *Contrôle après dédouanement*

Le contrôle après le dédouanement est une étape importante demandée par l'OMC parce qu'il s'agit d'une mesure permettant l'accélération de la mainlevée des marchandises et assurant le respect

---

80 Article 7.3.3 de l'AFE.

81 Article 7.3.4 de l'AFE.

82 CEE-ONU, « Guide pratique relatif à la facilitation des échanges : La gestion des risques douaniers et sélectivité », disponible sur : http://www.tfig.itcilo.org/FR/contents/customs-risk-management.htm (url consultée le 15 juillet 2016).

83 Article 7.4 de l'AFE.

84 Article 7.4.4 de l'AFE.

des lois et réglementations douanières et des autres lois et réglementations connexes[85]. Dans ce processus, le système de gestion des risques s'applique d'abord à la sélection d'une personne ou d'un envoi aux fins du contrôle après le dédouanement. Ensuite, la douane s'assure de l'exactitude et de l'authenticité des déclarations par le biais de l'examen des livres, des dossiers, des systèmes d'entreprise et des données commerciales détenus par les personnes concernées[86].

- *Établissement et publication des temps moyens nécessaires à la mainlevée*

Les Membres sont encouragés à mesurer et à publier le temps moyen qui leur est nécessaire pour la mainlevée des marchandises, périodiquement et d'une manière uniforme, au moyen d'outils tels que, entre autres, l'étude sur le temps nécessaire pour la mainlevée de l'Organisation mondiale des douanes[87].

- *Mesures de facilitation des échanges pour les opérateurs agréés*

Dans cette disposition, l'AFE reprend des recommandations de la CKR sur les procédures spéciales pour les personnes agréées. Selon la CKR, une personne agréée doit remplir certains critères fixés par les douanes, notamment avoir des antécédents satisfaisants en matière douanière et utiliser un système efficace pour la gestion de ses écritures commerciales. Les critères à remplir pour être considéré comme un opérateur agréé selon l'AFE sont plus précis et peuvent inclure : des antécédents appropriés en matière de respect des lois et réglementations douanières et autres lois et réglementations connexes ; un système de gestion des dossiers permettant les contrôles internes nécessaires ; la solvabilité financière, y compris, le

---

[85] Ces mesures sont : « a) des prescriptions peu astreignantes en matière de documents et de données requis, selon ce qui sera approprié ; b) un faible taux d'inspections matérielles et d'examens, selon ce qui sera approprié ; c) une mainlevée rapide, selon ce qui sera approprié ; d) le paiement différé des droits, taxes, redevances et impositions ; e) l'utilisation de garanties globales ou de garanties réduites ; f) une déclaration en douane unique pour toutes les importations ou exportations pendant une période donnée ; g) et le dédouanement des marchandises dans les locaux de l'opérateur agréé ou dans un autre lieu agréé par les douanes ».

[86] CEE-ONU, « Guide pratique relatif à la facilitation du commerce : Audit après dédouanement », disponible sur : http://www.tfig.itcilo.org/FR/contents/post-clearance-audit.htm (url consultée le 20 juillet 2016).

[87] Article 7.6.1 de l'AFE.

cas échéant, la fourniture d'une caution ou d'une garantie suffisante ; et la sécurité de la chaîne d'approvisionnement[88].

Il semble que ces critères soient trop nombreux, mais cette "nomination" attire des commerçants par les mesures de facilitation des échanges qui l'accompagnent. En effet, l'AFE oblige les Membres à appliquer aux opérateurs agréés au moins trois des mesures prévues à son article 7.7.3[89].

- *Envois accélérés*

Les Membres ont l'obligation d'établir des procédures permettant la mainlevée accélérée au moins des marchandises entrées par des installations de fret aérien aux personnes qui demanderont un tel traitement, tout en maintenant le contrôle douanier[90]. Les requérants doivent remplir certaines conditions disposées à l'article 7.8.1 de a) à h) afin de profiter d'une réduction au minimum des documents requis pour la mainlevée des envois accélérés, de la mainlevée sur la base d'une présentation unique de renseignements concernant certains envois, de la mainlevée des envois accélérés le plus rapidement possible après l'arrivée…[91]

- *Marchandises périssables*

Les produits agricoles frais comme des fruits, des légumes, de la viande… font l'objet de cette disposition. La qualité de ces produits est facilement affectée par la durée de transport, de mainlevée et de dédouanement. C'est pourquoi, un traitement tel que celui prévu pour les envois accélérés n'est pas suffisant. Afin d'éviter toute perte ou détérioration de marchandises périssables, et à condition que toutes les prescriptions réglementaires aient été remplies, l'AFE exige donc à chaque Membre de prévoir d'accorder la mainlevée des marchandises périssables le plus rapidement possible et dans des circonstances exceptionnelles, en dehors des heures d'ouverture des bureaux des douanes et des autres autorités pertinentes[92].

---

[88] Article 7.7.2 de l'AFE.
[89] Article 7.7.3 de l'AFE.
[90] Article 7.8.1 de l'AFE.
[91] Article 7.8.2 de l'AFE.
[92] Article 7.9.1 de l'AFE.

De plus, l'entreposage des marchandises périssables durant l'attente de la mainlevée est un problème majeur pour les commerçants. Afin d'éviter les pertes dans cette période, l'AFE demande aux Membres d'autoriser un importateur à prendre des dispositions pour l'entreposage approprié des marchandises périssables dans l'attente de leur mainlevée[93].

iii. Article 8 : Coopération entre les organismes présents aux frontières

La coopération définie par cet article comprend deux dimensions. L'une est la coopération entre tous les organismes nationaux qui prennent part au processus de mainlevée et de dédouanement des marchandises ; l'autre est celle entre les autorités frontalières des Membres ayant une frontière commune.

Toute marchandise faisant l'objet de procédures d'import, d'export ou de transit est soumise à plusieurs contrôles, tels que la vérification des documents d'origine, le contrôle de la qualité des produits, le calcul des droits de douane etc., afin de vérifier le respect de la législation nationale. Ces contrôles peuvent être effectués par de différents organismes gouvernementaux. Ils peuvent allonger le processus de mainlevée et de dédouanement des marchandises. Afin de faciliter les échanges, chaque Membre doit assurer la coopération et la coordination les activités entre ses autorités et ses organismes chargés des contrôles et des procédures à la frontière en ce qui concerne l'importation, l'exportation et le transit de marchandises[94].

À côté de la coopération interne, les Membres qui ont une frontière commune ont l'obligation d'assurer la coopération entre les organismes frontaliers en voisinage. Dans le but de faciliter le commerce transfrontalier, aux points de passage des frontières, ils peuvent coopérer et harmoniser les jours et heures de travail, les procédures et formalités, partager des installations communes, mettre en place des contrôles conjoints et établir un guichet unique pour le contrôle à la frontière[95]. Toutes ces coopérations favorisent une

[93] Article 7.9.3 de l'AFE.
[94] Article 8.1 de l'AFE.
[95] Article 8.2 de l'AFE.

mainlevée et un dédouanement plus rapide et efficace pour les transactions transfrontalières entre les voisins – Membres de l'OMC.

iv. Article 9 : Mouvement des marchandises destinées à l'importation sous contrôle douanier

L'article décline l'obligation des Membres d'autoriser le mouvement de marchandises destinées à l'importation sous contrôle douanier d'un bureau d'entrée à un autre bureau de douane sur le territoire d'où la mainlevée ou le dédouanement des marchandises seraient effectués[96].

v. Article 10 : Formalités se rapportant à l'importation, à l'exportation et au transit

En accomplissant la mainlevée et le dédouanement des marchandises, les opérateurs doivent préparer de nombreuses formalités liées à différentes étapes des transactions. Ces formalités prennent parfois beaucoup plus de temps quand les renseignements doivent être soumis à différents organismes dans plusieurs pays et langues différentes, sur des formulaires différents et accompagnés de multiples pièces justificatives[97]. De surcroît, les formalités demandent parfois des informations déjà fournies dans d'autres formalités. L'article 10 énonce donc les obligations des Membres en vue de réduire ces problèmes et de favoriser les transactions commerciales. Ces obligations concernent :

- Formalités et prescriptions en matière de documents requis

L'accord exige de chaque Membre de réduire et simplifier les formalités et prescriptions en matière de documents requis à l'importation, à l'exportation et pour le transit, de sorte que la mainlevée et le dédouanement des marchandises soient rapides, que le temps et le coût nécessaires pour le respect des exigences par les négociants et les opérateurs soient réduits, que la mesure la moins restrictive soit choisie entre autres options et que les mesures ne soient pas maintenues si elles ne sont plus requises[98].

---

[96] Article 9 de l'AFE.

[97] Nations Unies – CNUCED, *Notes techniques sur les mesures de facilitation du commerce*, New York et Genève, 2011, p. 29.

[98] Article 10.1 de l'AFE.

- *Acceptation de copies*

Il existe des cas où les organismes frontaliers demandent aux requérants de fournir l'original du document. Cela prend parfois beaucoup de temps si l'original a été donné à une autre autorité par exemple. Dans le but de simplifier et faciliter les procédures d'import, d'export et de transit, l'OMC encourage ses Membres à accepter les copies sur papier ou sous forme électronique des documents justificatifs requis[99]. De plus, selon l'article 10.2.2 de l'AFE, si un organisme gouvernemental d'un Membre détient déjà l'original d'un tel document, tout autre organisme de ce Membre doit accepter une copie sur papier ou sous forme électronique délivrée par l'organisme détenant l'original.

- *Utilisation des normes internationales*

Dans le but de mieux se conformer aux formalités et procédures d'import, d'export et de transit, l'OMC propose à ses Membres et son Comité de la facilitation des échanges de prendre des mesures dans ce domaine. Du côté des Membres, l'accord les encourage à utiliser des normes internationales comme base de leurs formalités et procédures et de participer à l'élaboration et à l'examen des normes pertinentes[100]. Du côté du Comité, il assure des échanges entre les Membres sur les renseignements pertinents et les meilleures pratiques concernant la mise en œuvre des normes internationales ; il peut aussi identifier des normes spécifiques présentant un intérêt particulier pour les Membres[101].

L'accord ne désigne pas les normes spécifiques, mais les Membres peuvent voir les 40 recommandations de la facilitation des échanges de la CEE-ONU et du CEFACT-ONU, qui tendent à une standardisation des modèles et à une harmonisation de processus d'import et d'export. Ces recommandations utiles sont disponibles sur le site internet de la CEE[102].

---

[99] Article 10.2.1 de l'AFE.

[100] Article 10.3.2 de l'AFE.

[101] Article 10.3.3 de l'AFE.

[102] Voir *List of Trade Facilitation Recommendations* sur : http://www.unece.org/cefact/recommendations/ rec_index.html (url consultée le 20 juin 2016).

- Guichet unique

Le guichet unique est défini par la recommandation nº 33 comme « un système permettant aux opérateurs qui participent au commerce et au transport de communiquer des informations et documents normalisés à un seul point d'entrée afin de satisfaire à toutes les formalités requises en cas d'importation, d'exportation et de transit »[103]. Ce guichet unique joue un rôle de médiateur qui facilite l'échanges d'informations entre les opérateurs et tous les organes présents à la frontière, afin de réduire autant que possible la préparation des formalités pour le processus de mainlevée et de dédouanement des marchandises et de fournir tous les résultats en une seule fois. C'est pour cette raison que l'AFE demande à chaque Membre d'établir un guichet unique et de notifier au Comité de la facilitation des échanges les détails de son fonctionnement[104].

- Inspection avant expédition

Les inspections avant expédition, qui sont réalisées pour déterminer le classement tarifaire et l'évaluation en douane, sont officiellement interdites par l'OMC tandis que l'Accord encourage les Membres à ne pas introduire ou appliquer d'autre type d'inspections avant expédition[105].

- Recours aux courtiers en douane

Dans la CKR, un courtier en douane est compris comme un tiers qui agit pour le compte d'une autre personne dans les relations de cette dernière avec la douane[106]. Dans certains cas, les opérateurs ont recours à des courtiers en douane qui fournissent des services professionnels pour accomplir rapidement toutes les formalités douanières. Bien qu'ils soient utiles, le recours obligatoire à des courtiers en douane est interdit par l'AFE. Les Membres doivent donc notifier le Comité et publier leurs mesures concernant le recours à des courtiers en douane[107].

---

[103] CEE-ONU & CEFACT-ONU, *Recommandation nº. 33 : Recommandation et lignes directrices en vue de la mise en place d'un guichet unique*, ECE/TRADE/352, New York et Genève, 2005, p. 3.

[104] Article 10.4.3 de l'AFE.

[105] Article 10.5 de l'AFE.

[106] OMD, *CKR*, annexe générale, chapitre 8, norme 8.2.

[107] Article 10.6.2 de l'AFE.

- Procédures communes à la frontière et prescriptions uniformes en matière de documents requis

L'Accord oblige chaque Membre à appliquer des procédures douanières communes et des prescriptions uniformes en matière de documents requis pour la mainlevée et le dédouanement des marchandises sur l'ensemble de son territoire[108]. Il semble que cette obligation soit évidente. Mais l'OMC souhaite faciliter la préparation des négociants grâce à une conformité de procédures de mainlevée et le dédouanement des marchandises dans tout le pays.

- Marchandises refusées

Il existe des Membres dont les réglementations sanitaires ou phytosanitaires ou les règlements techniques de certains produits sont plus élevés que ceux d'autres Membres. Ou encore, il arrive que durant le transport des produits, leur qualité change pour diverses raisons et ne satisfasse plus aux réglementations du pays importateur. Dans ces cas, un Membre peut toujours refuser l'import les marchandises pour cause de non-respect de ses réglementations. Le Membre peut autoriser l'importateur à réexpédier ou à renvoyer à l'exportateur ou à une autre personne désignée par l'exportateur les marchandises refusées[109].

- Admission temporaire de marchandises et perfectionnement actif et passif

Cette disposition reprend les normes dans la CKR sur l'admission temporaire et la transformation[110]. L'admission temporaire est définie par la CKR comme un régime douanier qui permet de recevoir dans un territoire douanier en suspension totale ou partielle des droits et taxes à l'importation, certaines marchandises importées dans un but défini et destinées à être réexportées, dans un délai déterminé, sans avoir subi de modification, exception faite de leur dépréciation normale par suite de l'usage qui en est fait[111]. L'AFE reprend exactement ce régime de l'OMD par l'article 10.9.1 de l'AFE.

---

108 Article 10.7.1 de l'AFE.

109 Article 10.8.1 de l'AFE.

110 OMD, *CKR*, Annexe spécifique F (chapitre 1 et chapitre 2) et Annexe spécifique G (chapitre 1).

111 OMD, *CKR*, Annexe spécifique G (chapitre 1), définition.

En outre, le perfectionnement actif et passif de l'AFE et celles de la CKR sont les mêmes[112]. Tous les Membres ont l'obligation d'autoriser le perfectionnement actif et passif en suspension totale ou partielle sous condition des droits et taxes d'importation ou d'exportation, ou avec admissibilité au bénéfice d'une ristourne de droits, pour autant qu'elles soient destinées à subir une ouvraison, une transformation ou une réparation et à être ultérieurement exportées ou réimportées[113].

vi. Article 11 : Liberté de transit

Le commerce international est défini par des flux de marchandises transfrontaliers des pays exportateurs à des pays importateurs. Dans ce processus, il existe plusieurs cas où les marchandises doivent, avant l'arrivée au pays importateur, passer la frontière d'un ou plusieurs pays tiers. Ce passage est soumis à des réglementations et procédures de transit de ces pays tiers. Pour un État qui n'a pas d'accès à la mer par exemple, la liberté de transit définie par l'article V du GATT de 1994 puis par l'article 11 de l'AFE est très importante pour son développement économique.

D'une part, l'article 11 reprend des dispositions sur les frais de transit, la diligence de la douane et le traitement non moins favorable des marchandises en transit. D'abord, les produits en transit sont exonérés de droits de douane et de toute redevance ou imposition imposée en ce qui concerne le transit, à l'exception des frais de transport ou des redevances ou impositions qui correspondent aux dépenses administratives occasionnées par le transit ou au coût des services rendus[114]. Ensuite, les transports en transit ne doivent pas être soumis à des délais ou à des restrictions inutiles ; une fois qu'ils sont arrivés au bureau de douane par lequel ils doivent quitter le territoire d'un Membre, ce bureau doit mettre fin à l'opération de transit dans les meilleurs délais[115]. Enfin, les deux accords demandent aux Membres d'accorder aux produits qui ont transité par le territoire de tout autre Membre un traitement non moins favorable que celui qui serait accordé à ces produits s'ils étaient transportés

---

112 OMD, *CKR*, Annexe spécifique F (chapitre 1 et chapitre 2), définitions.
113 Article 10.9.2 de l'AFE.
114 Article V.3 du GATT de 1994 et article 11.2 de l'AFE.
115 Article V.3 du GATT de 1994 et article 11.7 et 11.10 de l'AFE.

de leur lieu d'origine à leur lieu de destination sans passer par le territoire de cet autre Membre[116].

D'autre part, l'article 11 de l'AFE complète l'article V du GATT de 1994 par l'ajout de nouvelles dispositions liées à la liberté de transit. En premier lieu, les mesures d'autolimitation concernant le trafic en transit et les règlements techniques ou les procédures d'évaluation de la conformité au sens de l'Accord sur les obstacles techniques au commerce aux marchandises en transit sont interdites par l'AFE[117]. Ensuite, les formalités, prescriptions en matière de documents requis et contrôles douaniers relatifs au trafic en transit ne seront pas plus contraignants qu'il n'est nécessaire pour identifier les marchandises et pour assurer le respect des prescriptions en matière de transit[118]. Par ailleurs, les Membres sont encouragés à mettre à disposition une infrastructure physiquement distincte (comme des voies, des postes d'amarrage et autres) entre le trafic en transit et les autres importations[119]. De plus, l'AFE autorise les Membres à exiger une garantie exclusivement pour s'assurer que les prescriptions découlant dudit trafic en transit sont respectées[120]. Dans le cas d'une entreprise qui opère plusieurs trafics en même temps ou en consécutif, l'AFE autorise les Membres à imposer des garanties globales incluant des transactions multiples aux mêmes opérateurs, ou le renouvellement des garanties sans libération pour les expéditions ultérieures[121]. Enfin, l'ajout des autres dispositions telles que le traitement préalable des documents et données relatifs au transit avant l'arrivée des marchandises, le recours au convoyage douanier ou à l'escorte douanière pour le trafic en transit, la coopération et la coordination entre les Membres en vue de renforcer la liberté de transit, et l'établissement d'un coordonnateur national du transit[122], perfectionne les règlements sur le transit de l'OMC et facilite le trafic de transit entre ses Membres.

---

116 Article V.6 du GATT de 1994 et article 11.4 de l'AFE.
117 Selon les articles 10.3 et 10.8 de l'AFE.
118 Article 11.6 de l'AFE.
119 Article 11.5 de l'AFE.
120 Article 11.11 de l'AFE.
121 Article 11.13 de l'AFE.
122 Articles 11.9, de 11.15 à 11.17 de l'AFE.

1.1.3. Les obligations en matière de coopération douanière

La coopération douanière définie par l'article 12 concerne essentiellement la procédure de partage, entre les Membres, des informations liées à une déclaration d'importation et d'exportation.

Tout d'abord, afin d'assurer un bon dispositif de partage des informations, les Membres doivent notifier au Comité de la facilitation des échanges les coordonnées de leurs points de contact pour l'échange de ces renseignements. Un Membre, qui veut vérifier une déclaration d'import ou d'export dans des cas déterminés où il y a des motifs raisonnables de douter de sa véracité ou de son exactitude[123], envoie une demande de renseignements au point de contact du Membre lié. Il est à noter ici qu'avant l'envoi de la demande, le Membre demandeur doit avoir « des motifs raisonnables de douter de sa véracité ou de son exactitude ». Il mène donc les procédures appropriées de vérification d'une déclaration d'importation ou d'exportation et inspecte les documents pertinents disponibles[124].

Après la vérification, le Membre demandeur peut envoyer au Membre auquel la demande est adressée une demande écrite, sur papier ou sous forme électronique, dans une langue officielle de l'OMC ou une autre langue mutuellement convenue, indiquant les informations décrites par l'article 12.4.1 de l'AFE.

Puis, après avoir reçu la demande, le Membre auquel la demande est adressée, par diligence, doit répondre par écrit selon des informations énumérées par l'article 12.6.1 de l'AFE. Il faut noter ici qu'avant la fourniture des renseignements, le Membre auquel la demande est adressée peut exiger l'assurance que ses renseignements spécifiques ne seront pas utilisés comme éléments de preuve dans des enquêtes pénales, des procédures judiciaires ou des procédures autres que douanières sans son autorisation écrite spécifique[125] ; si le Membre demandeur n'est pas en mesure de respecter cette prescription, l'exécution de la demande sera laissée à la discrétion du Membre auquel la demande est adressée[126].

De plus, le Membre auquel la demande est adressée a le droit de

---

123 Article 12.2.1 de l'AFE.

124 Article 12.3 de l'AFE.

125 Article 12.6.2 de l'AFE.

126 Article 12.7.2 de l'AFE.

reporter sa réponse ou de refuser de répondre à la demande. L'article 12.7 désigne des cas qu'un Membre peut mobiliser comme raison de reporter et refuser une demande. En dehors de ces cas, il existe une autre possibilité de refus de répondre à une demande : c'est l'absence de réciprocité. En effet, si le Membre demandeur estime qu'il ne serait pas en mesure de répondre à une demande semblable présentée par le Membre auquel elle est adressée, celui-ci décide lui-même de répondre ou non à la demande[127].

Par ailleurs, si la demande et la réponse sont fournies, les Membres ont l'obligation de protection et de confidentialité. Cette obligation implique que le Membre demandeur garde strictement confidentiels tous les renseignements ou documents fournis ; ne fournisse les renseignements ou documents qu'aux autorités douanières chargées de la question ; ne divulgue pas les renseignements ou documents sans autorisation écrite ; n'utilise pas de renseignements ou documents non vérifiés ; respecte les conditions définies pour un cas spécifique par le Membre auquel la demande est adressée; et informe, sur demande, le Membre auquel la demande est adressée des décisions et actions menées au sujet de la question dont il s'agit sur la base des renseignements ou documents fournis[128]. Si l'une de ces obligations n'est pas tenue par le Membre demandeur, celui-ci doit le préciser dans sa demande. De la part du Membre auquel la demande est adressée, il doit accorder à toute demande et à tout renseignement se rapportant à la vérification reçu au titre du paragraphe 4 au moins le même niveau de protection et de confidentialité que celui qu'il accorde à ses propres renseignements semblables[129].

Enfin, l'AFE oblige les Membres à faire respecter ces exigences aux négociants, à encourager le respect volontaire pour permettre aux importateurs d'effectuer eux-mêmes des rectifications sans pénalité, et à appliquer des mesures plus strictes à l'encontre des négociants qui ne respectent pas des exigences[130]. À travers cette disposition, les négociants ont depuis longtemps signifié qu'un engagement fort pour être conforme, soutenu par un historique, devrait

---

[127] Article 12.8 de l'AFE.

[128] Article 12.5.1 de l'AFE.

[129] Article 12.5.3 de l'AFE.

[130] Article 12.1 de l'AFE.

être reconnu par les autorités douanières, et bénéficier de moins de sanctions pour les petites infractions techniques, pendant que le processus de gestion des risques se concentrait sur les autres négociants[131].

1.2. PROCÉDURES DE MISE EN ŒUVRE

Pour la mise en œuvre de l'AFE, l'AFE contient des règles instaurant le traitement préférentiel et différencié destiné aux Membres en développement et aux Membres les moins avancés (1.2.1) et celles institutionnelles (1.2.2).

1.2.1. Le traitement préférentiel et différencié destiné aux Membres en développement et aux Membres les moins avancés

En principe, les Membres doivent mettre en œuvre toutes les dispositions de l'AFE dès son entrée en vigueur. Pourtant, les Membres en développement et Membres les moins avancés qui choisiront de recourir aux dispositions de la section II mettront en œuvre le présent accord conformément à ladite section[132]. En effet, elle couvre les dispositions relatives au traitement spécial et différencié pour ces deux groupes de Membres. Grâce à ce traitement, les Membres bénéficient des délais différents, en fonction de leurs niveaux de développement économique, pour la mise en œuvre des articles 1er à 12 de l'AFE. En outre, selon l'article 13.2 de l'AFE, l'OMC propose un mécanisme d'assistance et de soutien pour le renforcement des capacités en vue d'aider les pays en développement Membres et les PMA Membres à mettre en œuvre les dispositions de l'AFE.

Afin de bénéficier de ce traitement, chaque pays en développement et pays moins avancé Membre désignera lui-même, individuellement, les dispositions qu'il inclura dans chacune des catégories A, B et C[133]. Les délais de mise en œuvre des catégories varient selon les niveaux de développement de chaque Membre:

a) La catégorie A contient les dispositions qu'un pays en développement Membre ou un pays moins avancé Membre désignera

---

131 Centre du commerce international (ITC), *Accord de facilitation des échanges de l'OMC - Un guide du commerce pour les pays en développement*, Genève, 2013, p. 23.

132 Article 24.3 de l'AFE.

133 Article 14.2 de l'AFE.

pour la mise en œuvre au moment de l'entrée en vigueur du présent accord, ou dans le cas d'un pays moins avancé Membre dans un délai d'un an après l'entrée en vigueur, ainsi qu'il est prévu à l'article 15;

b) La catégorie B contient les dispositions qu'un pays en développement Membre ou un pays moins avancé Membre désignera pour mise en œuvre à une date postérieure à une période de transition suivant l'entrée en vigueur du présent accord, ainsi qu'il est prévu à l'article 16.

c) La catégorie C contient les dispositions qu'un pays en développement Membre ou un pays moins avancé Membre désignera pour mise en œuvre à une date postérieure à une période de transition suivant l'entrée en vigueur du présent accord et exigeant l'acquisition de la capacité de mise en œuvre grâce à la fourniture d'une assistance et d'un soutien pour le renforcement des capacités, ainsi qu'il est prévu à l'article 16[134].

Les pays en développement Membres et les PMA Membres doivent notifier au Comité de la facilitation des échanges de l'OMC (Comité) les informations et selon les délais différents (*voir l'annexe 1*).

En dehors de ces règles, la section II de l'AFE prévoit également :

- *Le transfert entre les catégories B et C*

L'accord accepte le transfert des dispositions de la catégorie B à la catégorie C et à l'inverse après la notification du Membre concerné. Dans le premier cas, le Membre doit fournir des renseignements sur l'assistance et le soutien nécessaires pour renforcer la capacité[135]. La mesure transférée de la catégorie B à la catégorie C bénéficie de tous les dispositions concernant la demande de délai additionnel pour la catégorie C et la possibilité d'un examen et d'une recommandation par le groupe d'experts mentionnée ci-dessous. De plus, dans le cas d'un pays moins avancé Membre, celui-ci doit demander l'approbation du Comité pour toute nouvelle date de mise en œuvre fixée à plus de quatre ans après la date initialement

[134] Article 14.1 de l'AFE.
[135] Article 19.1 de l'AFE.

notifiée pour la catégorie B[136].

- *La mise en œuvre de la catégorie B et de la catégorie C*

Au-delà des flexibilités ci-dessus concernant la notification et la prolongation des délais pour la mise en œuvre des catégories B et C, l'AFE offre aux Membres la possibilité d'être aidé par un groupe d'experts établi par le Comité. Ce groupe doit être établi dans un délai 60 jours au plus après que le Comité aura reçu la notification du pays en développement Membre ou pays moins avancé Membre[137] concernant son incapacité à mettre en œuvre la disposition pertinente. Il faut noter que cette notification d'incapacité ne doit être envoyée que dans trois situations distinctes : soit une prolongation demandée n'a pas été accordée ou dans les cas où le pays en développement Membre ; soit le pays moins avancé Membre se trouve confronté à des circonstances imprévues qui empêchent qu'une prolongation pour mettre en œuvre des catégories B et C demeure insuffisante; soit un pays moins avancé Membre ne sera plus en mesure de mettre en œuvre un engagement de la catégorie C [138]. Ensuite, le groupe d'experts qui se compose de cinq personnes examinera la détermination faite par le Membre lui-même concernant l'insuffisance de capacité et adressera une recommandation au Comité dans les 120 jours suivant sa composition[139].

Comme les trois catégories de dispositions A, B et C ainsi que les dates indicatives et définitives pour la mise en œuvre des dispositions font parties constituantes de l'AFE, les pays en développement Membre ou PMA Membre ayant des problèmes de prolongation de délais peuvent confronter des litiges liés du non-respect de leurs engagements. Grâce aux dispositions du paragraphe 5 de l'article 18, le pays en développement Membre est exclu de procédures au titre du Mémorandum d'accord sur le règlement des différends à ce sujet depuis le moment où il notifie au Comité son incapacité à mettre en œuvre la disposition pertinente et jusqu'à la première réunion du Comité après qu'il aura reçu la recommandation du

136 Article 19.2 de l'AFE.

137 Article 18.2 de l'AFE.

138 Articles 18.1 et 18.6 de l'AFE.

139 Voir les articles 18.2, 18.3 et 18.4 de l'AFE.

groupe d'experts[140]. D'autre part, la disposition pertinente est plus flexible pour un PMA Membre. Les procédures du règlement des différends ne s'appliqueront pas pour la disposition concernée à compter de la date à laquelle le PMA Membre aura notifié au Comité son incapacité à mettre en œuvre la disposition et jusqu'à ce que le Comité prenne une décision à ce sujet, ou, si cette période est plus courte, pendant les 24 mois suivant la date de la première réunion du Comité mentionnée ci-dessus[141].

- La période de grâce pour l'application du Mémorandum d'accord sur les règles et procédures régissant le règlement des différends (Mémorandum d'accord)

L'OMC accorde aux pays en développement Membres et aux PMA Membres des périodes de grâce différentes pour l'application du Mémorandum d'accord sur les règles et procédures régissant le règlement des différends. Celui-ci ne s'applique pas au règlement des différends concernant toute disposition de la catégorie A dans une période de deux ans, suivant l'entrée en vigueur de l'AFE, pour un pays en développement Membre et dans une période de six ans pour un PMA Membre[142].

Ensuite, les PMA Membres reçoivent une très large protection concernant l'application du Mémorandum au règlement des différends liés à une disposition relevant de la catégorie B ou C. Leur période de grâce dans ce cas est de huit ans suivant la mise en œuvre d'une disposition relevant de la catégorie B ou C[143] tandis que l'Accord ne spécifie pas une telle période pour les pays en développement Membres. De plus, en dépit de cette période de grâce, l'Accord souligne qu'avant de demander l'ouverture de consultations et à tous les stades d'une procédure de règlement des différends concernant une mesure d'un pays moins avancé Membre, un Membre doit faire preuve de modération lorsqu'ils soulèvent des questions concernant des PMA Membres[144].

Enfin, il faut souligner que même pendant les périodes de grâce

---

140 Article 18.5 de l'AFE.
141 Article 18.5 de l'AFE.
142 Article 20.1 et article 20.2 de l'AFE.
143 Article 20.3 de l'AFE.
144 Article 20.4 de l'AFE.

ci-dessus, chaque Membre doit assurer aux autres Membres des possibilités adéquates de discussion, par demande, au sujet de toute question se rapportant à la mise en œuvre du présent accord[145].

- *La fourniture d'une assistance et d'un soutien pour le renforcement des capacités*

À travers des accords bilatéraux ou des organisations internationales appropriées, les Membres donateurs conviennent leur fourniture d'assistance et de soutien pour le renforcement des capacités aux pays en développement membres et aux PMA Membres dans la mise en œuvre des 12 premières dispositions du présent Accord[146]. En fournissant ces aides, des Membres donateurs doivent suivre six principes prescrits par le paragraphe 3 de l'article 21 en vue de rendre leurs mesures au cas par cas plus convenables, efficaces et durables.

De plus, afin d'assurer un mécanisme de soutien les parties pertinentes, l'Accord demande le Comité de tenir au moins une session spécifique par an. Il doit discuter de tous problèmes relatifs à la mise en œuvre de dispositions ou parties de dispositions du présent accord; examiner les progrès concernant la fourniture d'une assistance et d'un soutien pour le renforcement des capacités, y compris en ce qui concerne tout pays en développement ou pays moins avancé Membre qui n'en bénéficierait pas d'une manière adéquate; échanger des données d'expérience et des renseignements sur les programmes d'assistance et de soutien et sur les programmes de mise en œuvre en cours; examiner les notifications présentées par les donateurs sur leur assistance et soutien; et examiner le fonctionnement de l'article 21.2[147].

- *Les renseignements sur l'assistance et le soutien pour le renforcement des capacités devant être présentés au Comité*

L'Accord exige des Membres donateurs de présenter au Comité des renseignements sur l'assistance et le soutien qu'ils fournissent au moment de l'entrée en vigueur de l'AFE puis chaque année[148].

---

145 Article 20.5 de l'AFE.
146 Article 21.1 de l'AFE.
147 Article 21.4 de l'AFE.
148 Article 22.1 de l'AFE.

Les renseignements fournis suivant le modèle figurant à son Annexe 1 doivent être présentés sont: une description de l'assistance et du soutien pour le renforcement des capacités; l'état d'avancement et les montants engagés/décaissés; les procédures de décaissement au titre de l'assistance et du soutien; le Membre ou, le cas échéant, la région bénéficiaire; et l'organisme chargé de la mise en œuvre du Membre fournissant l'assistance et le soutien[149]. En outre, les Membres donateurs sont obligés de communiquer au Comité des autres informations tels que des points de contact de leurs organismes chargés de fournir une assistance et un soutien, et/ou des renseignements sur ces points de contact dans le pays ou la région où l'assistance et le soutien doivent être fournis; et des renseignements sur le processus et les mécanismes de demande d'assistance et de soutien pour le renforcement des capacités[150]. En tant que pays en développement Membre – donateur, l'Accord ne l'oblige pas mais l'encourage de fournir tous les renseignements ci-dessus[151].

Du côté des pays en développement Membres et les PMA Membres ayant l'intention de demander une assistance et un soutien, la fourniture des renseignements sur le(s) point(s) de contact du (des) service(s) chargé(s) de coordonner cette assistance et ce soutien et les priorités est nécessaire.

1.2.2. Établissement du Comité de la facilitation des échanges et du comité national de la facilitation des échanges

L'AFE spécifie l'établissement du Comité de la facilitation des échanges de l'OMC afin d'assurer des objectifs liés à la mise en œuvre de l'Accord. Le Comité doit établir son propre règlement intérieur et se réunir au moins une fois l'an, pour donner aux Membres la possibilité de procéder à des consultations sur toutes questions concernant le fonctionnement du présent accord ou la réalisation de ses objectifs[152]. Les autres obligations sont décrites concrètement au paragraphe 1 de l'article 23 de l'AFE.

---

149 Article 22.1 de l'AFE.

150 Article 22.2 de l'AFE.

151 Article 22.1 et article 22.2 de l'AFE.

152 Article 23.1.2 de l'AFE.

L'OMC oblige chaque Membre d'établir et/ou de maintenir un comité de la facilitation des échanges au niveau national, ou de désigner un mécanisme existant, pour faciliter à la fois la coordination et la mise en œuvre des dispositions de l'AFE au plan interne[153]. Les fonctions concrètes du comité national ne sont pas spécifiées dans l'Accord mais vu la fonction du Comité de la facilitation des échanges de l'OMC, le comité national est un organisme de consultation sur la mise en œuvre des dispositions de l'AFE au niveau national. Les consultations qui peuvent donc émaner du secteur public et du secteur privé englobent tous les questions techniques de l'AFE. En outre, ce comité jouerait le rôle d'un coordinateur des opérateurs pertinents pour une bonne mise en œuvre dudit accord. Les Membres doivent établir leur comité national de la facilitation des échanges dès l'entrée en vigueur de l'AFE et la recommandation No. 4 de CEFACT-ONU sur les Organismes nationaux de facilitation du commerce semble utile pour certains Membres.

1.3. QUELQUES ÉVALUATIONS

Une évaluation générale de l'AFE suggère que le contenu de cet accord exprime à la fois des points positifs et des points négatifs.

Du côté positif, plusieurs mesures de la facilitation des échanges sont déjà prises en compte. Les Membres de l'OMC, en fonction de leur niveau de développement économique, ont l'obligation de mettre en œuvre au fur et à mesure toutes ces mesures, ce qui ouvre donc la porte à un faible niveau de libéralisation progressive du commerce des marchandises. De plus, une flexibilité est également destinée aux Membres. Les règles substantielles de l'AFE peuvent se classer en deux volets : les règles obligatoires et les règles discrétionnaires[154]. Le premier volet ne permet aux Membres de l'OMC d'avoir aucune flexibilité en ce qui concerne la manière de leur mise en œuvre. Dès lors, la violation de toute règle de ce volet pourra faire l'objet des plaintes déposées à l'Organe de règlement des différends conformément au Mémorandum d'accord sur le règlement des différends[155]. Toutefois, les Membres disposent de certaine flexibilité quant aux règles du second volet (les règles contenues à

153 Article 23.2 de l'AFE.

154 H. WANG, *op. cit.*, p. 452.

155 Sur cette question, voir surtout : *Ibid.*, pp. 450-452.

l'article 3.2, 3.9.b, 7.3.2, 7.6, 7.7.3, 7.7.4, par exemple). Cette flexibilité est jugée importante non seulement pour les Membres en développement et les moins avancés mais également pour les Membres développés. Le jeu pour les Membres développés dans la mise en œuvre de l'AFE est le jeu de « tout » ou « rien »[156] : soit chacun d'eux doit accepter l'ensemble des dispositions de la première section de l'AFE, soit il ne les accepte pas et reste hors du jeu. La flexibilité lui permettra également de choisir des règles appropriées à leur situation lors de leur mise en œuvre. Ceci deviendra nécessaire en vue de garantir le succès de l'AFE.

Du côté négatif, certains manquements peuvent affecter la réussite de l'AFE.

Premièrement, en ce qui concerne le champ d'application de l'AFE, le mandat de négociations et le contenu de l'AFE démontrent que, dans le cadre de l'OMC, la facilitation des échanges se concentre surtout sur les questions de procédures douanières qui touchent le flux des marchandises transfrontalières, y compris les marchandises en transit. L'OMC ne traite pas encore d'autres questions, telles que les chaînes d'approvisionnement, les services de soutien, l'infrastructure…[157] qui pourraient avoir également des impacts considérables sur celle-ci. Autrement dit, par rapport à des mesures visant à faciliter les échanges recommandées par d'autres organisations internationales[158], l'AFE ne contient aucune règle sur les questions aussi importantes précitées. Ce manquement pourrait être comblé par les résultats des négociations portant notamment sur la libéralisation des services dans le cadre du cycle Doha[159]. Toutefois, l'impasse actuelle de ce cycle suggère que cette libéralisation

[156] J. M. FINGER, « The WTO Trade Facilitation Agreement : Form without substance again ? », 2015, p. 8, disponible sur : http://ssrn.com/abstract=2489038 (url consultée le 10 septembre 2016).

[157] T. T. T. NGUYEN, « Accord sur la facilitation des échanges de l'OMC : quels bénéfices et obstacles pour les entreprises », disponible sur : http://wtocenter.vn/sites/wtocenter.vn/files/event-education/attachments/3.1._presentation_3_-_ms_trang_-_tfa_va_dn-vn.pdf (consulté le 16 janvier 2016).

[158] Par exemple, la Banque mondiale et l'Organisation de coopération et de développement économique.

[159] Voir les résultats des négociations sur la facilitation des échanges dans le commerce des services du cycle de Doha sur le site web de l'OMC, notamment :

ne verrait pas le jour dès l'entrée en vigueur de l'AFE, ce qui ne permettrait pas à établir les mesures allant de pair avec celles prévues dans l'AFE.

Deuxièmement, en ce qui concerne les dispositions relatives à l'assistance technique aux Membres en développement et aux Membres les moins avancés, il s'agit d'une assistance issue notamment d'initiatives des Membres donateurs développés. L'article 21 de l'AFE n'aboutit pas à l'établissement d'un fonds propre de l'OMC dédié à ce but. Pour cette raison, l'attribution de l'assistance technique ne pourrait pas répondre aux besoins réels des Membres en développement dans leur mise en œuvre des engagements de la catégorie C. De ce point de vue, nous partageons entièrement l'idée avancée par l'auteur H. Wang : *« In sum, the Trade Facilitation Agreement does not provide a fertile field for reciprocal bargaining nor does provide an operational way to bring the provision of assistance within the WTO legal framework. Particularly in its treatment of implementation assistance it is another exercise in form without legal substance – this in an organization through which Members often expound the virtue of transparency »*[160].

En bref, les analyses ci-dessus ont contribué à clarifier la portée et le contenu principal de l'AFE. Il est important pour nous ensuite de s'interroger sur la compatibilité du droit interne du Vietnam avec ledit accord.

Conseil du commerce des services – Session extraordinaire, *Négociations sur le commerce des services – Rapport du Président M. l'Ambassadeur Fernando de Mateo au Comité des négociations commerciales,* le 21 avril 2011, TN/S/36 ; Conseil du commerce des services – Session extraordinaire, *Négociations sur le commerce des services – Rapport du Président M. l'Ambassadeur Gabriel Duque au Comité des négociations commerciales,* le 31 juillet 2015, TN/S/39.

[160] J. M. FINGER, *op.cit.,* p. 9.

CHAPITRE 2

MISE EN ŒUVRE DE L'ACCORD SUR LA FACILITATION DES ÉCHANGES DE L'OMC AU VIETNAM D'UN POINT DE VUE JURIDIQUE

NGUYEN Ngoc Ha[*]

Du point de vue juridique, la mise en œuvre de l'AFE au Vietnam exigera, d'une part, une évaluation de la compatibilité du droit interne avec les dispositions de l'AFE et d'autre part, une harmonisation entre celle-ci et d'autres accords de libre-échange que le Vietnam a récemment signé. Toutefois, dans le contexte où la ratification du TPP reste encore une question ouverte pour les Etats parties du TPP et où les exigences de l'accord de libre-échange entre le Vietnam et l'Union européenne sur la facilitation des échanges sont presque identiques à celles de l'AFE[161], l'harmonisation de la mise en œuvre de l'AFE avec celle desdits accords n'est pas considérée comme une question urgente pour le Vietnam. Pour cette raison, ce chapitre se concentre surtout sur l'évaluation de la compatibilité du droit interne du Vietnam avec l'AFE.

Le Vietnam ne promulgue pas une seule loi sur la facilitation des échanges. Les règles en la matière sont incorporées dans différents documents juridiques. Il importe de présenter tout d'abord le droit

---

[*] Docteur, Enseignant du droit international économique à l'Ecole supérieure de commerce extérieur de Hanoï (Vietnam).

[161] Bristish Embassy Hanoi & VCCI, *Rà soát pháp luật Việt Nam với các cam kết của Hiệp định thương mại tự do Việt Nam – EU về Hải quan và Tạo thuận lợi thương mại (Evaluation de la compatibilité du droit vietnamien avec l'Accord de libre-échange entre le Vietnam et l'Union européenne en matière des douanes et de la facilitation des échanges)*, Hanoi, NXB Công Thương (Editions de l'Industrie et du commerce), 2015, p. 16.

interne du Vietnam sur la facilitation des échanges (2.1) avant d'examiner sa compatibilité avec l'AFE (2.2).

2.1. PRÉSENTATION GÉNÉRALE DU DROIT VIETNAMIEN SUR LA FACILITATION DES ÉCHANGES

Le cadre juridique régissant la facilitation des échanges au Vietnam comprend deux volets : la législation nationale et les engagements internationaux.

En ce qui concerne la législation nationale, la facilitation des échanges tombe dans un contexte plus général concernant l'amélioration de la compétitivité de l'économie vietnamienne et la promotion des exportations. Pour ce fait, le Vietnam a promulgué quatre stratégies, à savoir :

- *La stratégie d'importation et d'exportation pour la période de 2011-2020 avec une vision prospective à l'horizon 2030*[162] : en vue d'augmenter la valeur d'import-export de 2020 trois fois plus élevée que celle de 2010, cette stratégie met en œuvre une série de mesures, y compris le développement des chaines de production et d'approvisionnement ;

- *La stratégie de modernisation des douanes pour la période de 2011-2020*[163] : basée sur les besoins du développement économique, de l'intégration à l'économie internationale ainsi que sur l'expérience dans la mise en œuvre des programmes de réforme et de modernisation des douanes durant les précédentes périodes, cette stratégie vise à établir et perfectionner les cadres juridique et institutionnel nécessaires qui devraient être conformes aux objectifs de la réforme de l'administration vietnamienne et compatibles avec les engagements internationaux du Vietnam en la matière[164]. La mise en œuvre de cette stratégie vise donc à accroître la facilitation des échanges au Vietnam.

---

162 Décision n°. 2471/QĐ-TTg du 28 décembre 2011 du Premier ministre portant approbation de la stratégie d'exportation et d'importation du Vietnam pour la période de 2011 à 2020 et vision pour 2030.

163 Décision n°. 448/QĐ-TTg du 25 mars 2011 du Premier ministre portant approbation de la stratégie pour le développement des douanes jusqu'en 2020.

164 OMC – Organe d'examen des politiques commerciales, *Examen des politiques commerciales*, Rapport du Vietnam, le 13 août 2013, WT/TPR/G/287, para. 2.58

- *La stratégie de développement des transports pour la période de 2011-2020 et une vision pour 2030*[165] : cette stratégie permet de mettre en œuvre des politiques en vue de développer l'ensemble des transports au Vietnam, de mobiliser des capitaux, d'améliorer les industries liées aux transports, l'intégration et la concurrence internationale ainsi que d'appliquer de nouvelles technologies dans ce secteur d'économie si important pour la facilitation des échanges[166].

- *La stratégie globale de développement du secteur des services au Vietnam d'ici à 2020*[167] : Approuvée en 2011 par une décision du Premier ministre, cette stratégie vise des objectifs très ambitieux : le développement des services au Vietnam devra permettre d'amener ce secteur au niveau international en termes de qualité et de compétitivité, d'une part, et de développer les sous-secteurs à forte valeur ajoutée très porteurs et très compétitifs, d'autre part[168]. La réalisation de ces objectifs soutient fortement la facilitation des échanges. Toutefois, puisque l'AFE ne comporte aucune disposition sur la libéralisation des services, malgré l'importance de cette question sur la facilitation des échanges[169], les analyses dans ce chapitre ne se concentrent pas sur celles-ci.

---

[165] Décision n°. 35/2009/QĐ-TTg du Premier ministre du 03 mars 2009 portant ajustement de la stratégie de développement des transports jusqu'en 2020 ; Décision n°. 355/QĐ-TTg du Premier ministre du 25 février 2013 portant approbation des ajustements de la stratégie de développement des transports jusqu'en 2020 et une vision pour 2030.

[166] OMC, *op.cit.*, WT/TPR/G/287, para. 4.150.

[167] Décision n°. 175/QĐ-TTg du 27 janvier 2011 du Premier ministre portant approbation de la stratégie globale de développement du secteur des services au Vietnam d'ici à 2020.

[168] OMC – Organe d'examen des politiques commerciales, *Examen des politiques commerciales – Rapport du Secrétariat – Vietnam*, le 13 août 2013, WT/TPR/S/287, para. 4.114.

[169] Pour savoir plus sur ce thème, voir : D. DE SOUSA & C. FINDLAY, « The Relationship between Liberalization in the Logistics Sector and Trade facilitation », Asia-Pacific Research and Training Network on Trade, Working Paper Series, n°. 16, August 2006, 38 p., disponible sur : http://www.unescap.org/sites/ default/files/AWP%20No.%2016.pdf (url consultée le 10 septembre 2016) ; M. J. FERRANTINO, « Using Supply Chain Analysis to Examine the Costs of Non-Tariff Measures (NTMs) and the Benefits of Trade Facilitation », 19 January, 2012, 32 p., disponible sur : http://ssrn.com/abstract=1988245 (url consultée le 10 septembre 2016).

Sur la base de ces stratégies, une série de documents juridiques ont été promulgués et entrés en vigueur. Autrement dit, les règles actuelles régissant la facilitation des échanges au Vietnam se présentent dans différents textes juridiques, y compris les lois, décrets, circulaires ministérielles, etc. De plus, en se trouvant dans une réforme plus importante des procédures administratives en faveur de l'amélioration de la compétitivité de l'économie nationale, ces textes sont régulièrement réexaminés pour assurer toute mise à jour appropriée et une meilleure qualité des procédures administratives (*voir la liste de ces documents dans l'annexe 2*).

Au niveau international, le Vietnam fait partie d'un certain nombre de traités qui contiennent des règles relatives à la facilitation des échanges. Il faut citer surtout :

- Le GATT de 1994 ;

- Les traités dans le cadre de l'Organisation internationale de la douane : il s'agit de la Convention de Kyoto sur la simplification et l'harmonisation des régimes douaniers de 1974, révisée de 1999 dont le Vietnam fait partie depuis 2008 ;

- Les Plans d'actions I et II de l'APEC sur la facilitation des échanges[170] ;

- Le Plan d'action sur la facilitation des échanges de 2008 au sein de l'ASEM[171] ;

- Dans le cadre de l'ASEAN : Accord de l'ASEAN sur le commerce des marchandises ; Initiative du guichet unique de l'ASEAN ;

---

[170] APEC Trade Facilitation Action Plan presented by Committee on Trade and Investment, 21 October 2002, disponible sur : http://www.apec.org/~/media/Files/AboutUs/Action%20Plans/03_cti_tfactionplan.pdf et APEC Second Trade Facilitation Action Plan, 2007, disponible sur : http://www.apec.org/Home/Groups/Committee-on-Trade-and-Investment/~/media/1E898BBD474347F8807AB1EB44E1C6DE.ashx (urls consultées le 20 septembre 2016).

[171] Ce plan est disponible sur : http://www.aseminfoboard.org/sites/default/files/documents/ ASEM_Trade_Facilitation_Action_Plan_-_2008.pdf (url consultée le 20 septembre 2016).

Plan d'action sur la modernisation de la douane de l'ASEAN ; Accords sur la reconnaissance mutuelle dans l'ASEAN ; Harmonisation des standards et régulations techniques dans l'ASEAN...[172] ;

- Accord de la sous-région du Grand Mékong pour la facilitation du transport transfrontalier des personnes et des marchandises[173].

Comme D. M. Pham a eu l'occasion de le constater : *« The combined impact of signing and observing these bilateral and multilateral agreements has fostered an institutional environment for enhancing trade facilitation and logistics between Vietnam and other members of the international community »*[174]. Ce dynamisme facilitera donc la mise en œuvre de l'AFE au Vietnam en assurant que la législation vietnamienne en la matière est conforme aux règles de cet accord.

2.2. ÉVALUATION DE LA COMPATIBILITÉ

Au titre de l'article XVI.4 de l'Accord sur l'OMC[175], chaque Membre a l'obligation d'assurer que ses lois, réglementations et procédures administratives soient conformes aux accords de l'OMC. Cette obligation a été confirmée par le groupe spécial chargé de l'affaire *États-Unis – Article 301, loi sur le commerce*[176] pour incorporer également les législations en tant que telles et ensuite interprétée de

[172] Sur la facilitation des échanges au sein de l'ASEAN, voir l'ensemble des études et recherches menées dans le cadre de l'*Economic Research Institute for ASEAN and East Asia* (ERIA). A citer, par exemple : B. LAYTON, « Chapter 5 : Trade Facilitation : A Study in the Context of the ASEAN Economic Community Blueprint », *in* H. SOESASTRO (ed.), *Deepening Economic Integration – The ASEAN Economic Community and Beyond*, ERIA Research Project Report 2007-1-2, Chiba, IDE-JETRO, pp. 90-91 ; P. INTAL, « AEC Blueprint Implementation Performance and Challenges : Trade Facilitation », *ERIA Discussion Paper Series*, ERIA-DP-2015-41, May 2015, 76 p.

[173] Asian Development Bank, *Greater Mekong Subregion Cross-Border Transport Facilitation Agreement : Instruments and Drafting History*, Mandaluyong City, Asian Development Bank, 2011, 303 pages.

[174] D. M. PHAM et al., *op. cit.*, p. 37.

[175] Cet article stipule : « Chaque Membre assurera la conformité de ses lois, réglementations et procédures administratives avec ses obligations telles qu'elles sont énoncées dans les Accords figurant en annexe ».

[176] *États-Unis – Articles 301 à 31à de la Loi de 1974 sur le commerce extérieur*, Rapport du groupe spécial du 22 décembre 1999, WT/DS152/R, para. 7.41-7.42.

manière large par l'Organe d'appel dans l'affaire *États-Unis – Réduction à zéro (Japon) (article 21.5-Japon)*[177] pour couvrir les décisions judiciaires. Tout cela affirme que lors que l'AFE entre en vigueur, le Vietnam devra assurer que ses lois, réglementations et procédures administratives soient compatibles avec les prescriptions de l'AFE.

La compatibilité du droit vietnamien en matière de la facilitation des échanges avec l'AFE constitue une question juridique importante que le Vietnam doit prendre en compte. Une révision la plus stricte de l'ensemble des documents juridiques du Vietnam démontre tout d'abord que le droit vietnamien comporte déjà des règles compatibles avec l'AFE (2.2.1). Il n'en reste pas moins, à l'inverse, que des incompatibilités persistent à l'égard de certaines dispositions de l'AFE (2.2.2).

2.2.1. Règles compatibles

Le droit vietnamien comporte déjà plusieurs règles compatibles avec la plupart des dispositions de l'AFE. *A contrario*, il existe une prudence du gouvernement vietnamien au sujet de la notification au Comité préparatoire de la facilitation des échanges de ses engagements de la catégorie A.

---

[177] *États-Unis – Mesures relatives à la réduction à zéro et aux réexamens à l'extinction*, Recours du Japon à l'article 21.5 du Mémorandum d'accord sur le règlement des différends, Rapport de l'Organe d'appel du 18 août 2008, WT/DS322/AB/RW, para. 182. L'Organe d'appel a insisté que : « Pour étayer leur argument selon lesquels les actions en matière de liquidation qui sont retardées du fait d'une procédure judiciaire ne découlent pas mécaniquement des réexamens périodiques contestées, les Etats-Unis font observer que « le moment de la liquidation dépend du pouvoir judiciaire indépendant et non de l'autorité administrante ». Nous notons qu'un Membre « assume la responsabilité des actions de l'ensemble des pouvoirs publics, y compris le pouvoir judiciaire ». Cela est corroboré par l'article 18.4 de l'Accord antidumping, l'article XVI.4 de l'Accord sur l'OMC et l'article 27 de la Convention de Vienne. Le pouvoir judiciaire est un organe de l'État et, même si un acte ou une omission découlé du pouvoir judiciaire d'un Membre de l'OMC, il reste néanmoins imputable à ce Membre de l'OMC ».

i. Une compatibilité majeure avec la plupart des règles de l'AFE

Dans une étude menée en 2014, la VCCI a indiqué une série de dispositions de l'AFE avec lesquelles le droit interne vietnamien était compatible[178]. Il est notable de citer surtout :

- *Article 1 de l'AFE sur la publication et disponibilité des renseignements :* À cet égard, le droit interne du Vietnam est compatible avec les dispositions dans les articles 1.1 (publication), 1.2 (renseignements disponibles sur Internet) de l'AFE lorsque le premier comporte déjà des règles concernant la publication dans les journaux officiels du Vietnam et sur l'internet de tous les documents juridiques[179]. En ce qui concerne l'article 1.3 de l'AFE sur les points d'information, la loi vietnamienne des douanes de 2014 et le décret n° 66/2008/NĐ-CP sur les entraides juridiques aux entreprises prévoient déjà l'établissement des points d'information en faveur des déclarants en douane et les entreprises[180].

- *Article 2 de l'AFE sur la possibilité de présenter des observations, renseignements avant l'entrée en vigueur et consultations:* cette possibilité est prévue par plusieurs articles de la loi vietnamienne sur les documents juridiques de 2015. Par exemple, l'article 6 de cette loi stipule que le Front national du Vietnam, la VCCI, les organisations membres du Front national du Vietnam, les autres organes ou organismes et les citoyens ont droit de présenter les observations et renseignements avant l'entrée en vigueur des documents juridiques. Les autres articles concrétisent ce droit pour chaque type de documents juridiques[181].

---

[178] Le Centre de l'OMC – VCCI, *Rapport d'études : Réexamen du droit vietnamien au regard des engagements dans l'Accord de la facilitation des échanges de l'OMC*, 2014, pp. 7-8, disponible sur : http://www.trungtamwto.vn/sites/default/files/wto-center/attachments/ra_soat_plvn_thuc_thi_tfa.pdf (url consultée le 20 septembre 2016).

[179] Article 157 de la loi vietnamienne sur les documents juridiques de 2015 (adoptée le 22 juin 2015 et entrée en vigueur le 1er juillet 2016) ; article 60 de la loi vietnamienne sur les traités de 2016 (adoptée le 9 avril 2016 et entrée en vigueur le 1er juillet 2016).

[180] Article 19.2 de la loi vietnamienne sur les douanes de 2014 et l'article 10 du décret n°. 66/2008/NĐ-CP sur les entraides juridiques aux entreprises.

[181] Article 36 prévoit les modalités de présenter les observations sur les projets de lois et décret-loi ; article 86 sur les modalités de présenter les observations sur

- *Article 3 de l'AFE sur les décisions anticipées :* le droit vietnamien comporte des règles relatives au droit des déclarants en douane de demander une décision anticipée ; la valeur juridique et la durée d'une décision anticipée ; publication du processus de rendre et de réexaminer une décision anticipée[182].

- *Article 4 de l'AFE sur les procédures de recours ou de réexamen :* toutes les exigences prévues dans cet article ont été incorporées dans plusieurs documents juridiques du Vietnam.

- *Article 5 de l'AFE sur d'autres mesures visant à renforcer l'impartialité, la non-discrimination et la transparence :* le droit vietnamien présente une compatibilité avec la plupart des dispositions contenues dans cet article. Sauf certaines dispositions requises dans l'article 5.3, les règles du droit interne sont conformes surtout à l'article 5.1 sur la notification de contrôles ou d'inspections renforcés et l'article 5.2 sur la rétention des marchandises déclarées pour l'importation aux fins d'inspection par les douanes ou toute autre autorité compétente[183].

- *Article 6.3 de l'AFE sur les disciplines concernant les pénalités :* le droit interne du Vietnam est compatible avec la plupart des règles énoncées dans cet article, sauf celle prévue à l'article 6.3.4.a sur les mesures pour éviter les conflits d'intérêts lors de la fixation et du recouvrement des pénalités et des droits, laquelle n'est pas encore incorporée dans le premier.

- *Article 7 de l'AFE sur la mainlevée et le dédouanement des marchandises :* la législation vietnamienne présente une compatibilité avec la plupart des dispositions de cet article, tels que l'article 7.1 sur le traitement avant l'arrivée ; l'article 7.2 sur le paiement par voie électronique ; l'article 7.3 sur la séparation de la mainlevée de la déter-

---

les projets de décrets gouvernementaux ; article 101.2 sur les modalités de présenter les observations sur les circulaires ministérielles avant leur promulgation…

182 Voir surtout les articles 28 de la loi sur les douanes de 2014 et les articles 23 et 24 du décret n°. 08/2015/NĐ-CP.

183 Le Centre de l'OMC – VCCI, *op. cit.*, pp. 44-51.

mination finale des droits de douane, taxe, redevances et impositions, sauf l'exigence de l'article 7.3.5 ; l'article 7.5 sur la gestion des risques ; et l'article 7.8 sur les envois accélérés[184].

- *Article 9 de l'AFE sur le mouvement des marchandises destinées à l'importation sous contrôle douanier :* l'ensemble des dispositions dans cet article ont été insérées dans les deux articles 64[185] et 65[186] de la loi vietnamienne les douanes de 2014[187].

- *Article 10 de l'AFE sur les formalités se rapportant à l'importation, à l'exportation et au transit :* le droit vietnamien est conforme aux toutes les dispositions de cet article[188], sauf celle sur le traitement pour les marchandises refusées pour le non-respect des règlementations sanitaires ou phytosanitaires ou des règlements techniques, prévue à l'article 10.8.1 de l'AFE.

---

184 *Ibid.*, pp. 57-75.

185 Cet article, libellé « Formalités douanières pour les marchandises transportées sous contrôle douanier » prévoit : « 1. Les marchandises transportées sous contrôle douanier comprennent les marchandises en transit et les marchandises transportées du point de contrôle frontalier au point de contrôle frontalier.

2. Lors du transport de marchandises sous le contrôle douanier, les déclarants en douane doivent remplir les formulaires

3. Les autorités douanières reçoivent les formulaires de déclaration de transport de marchandises, examinent les documents de contrôle et les marchandises fournis par les déclarants en douane pour décider de permettre le transport de marchandises sous contrôle douanier.

4. Dans le cadre du transport de marchandises sous contrôle douanier, si les déclarants en douane souhaitent transborder, entreposer ou diviser des envois, changer de mode de transport ou effectuer d'autres tâches, ils en notifient les autorités douanières et en obtiennent l'approbation avant leur mise en œuvre. Les autorités douanières répondent dans les deux heures suivant la réception de la demande du déclarant en douane. »

186 Cet article, libellé « voies et durée de transport », stipule que : « 1. Les marchandises sous contrôle douanier doivent être transportées sur des routes appropriées, par des points de contrôle frontaliers appropriés et dans des délais appropriés.

2. Les routes de transport des marchandises sous contrôle douanier sont prescrites par la circulaire du Ministère des transports.

3. Les routes de transport des marchandises du point de contrôle frontalier au point de contrôle frontalier sont enregistrées par le déclarant en douane et acceptées par l'autorité douanière qui reçoit et traite sa demande. »

187 Voir également les articles 6 et 42 du décret n°. 08/2015/NĐ-CP.

188 Centre de l'OMC – VCCI, *op.cit.*, pp. 77-89.

- *Article 11 de l'AFE sur la liberté de transit :* la législation interne du Vietnam comprend déjà des règles compatibles avec toutes les dispositions de cet article[189].

Depuis la publication de cette étude, plusieurs documents juridiques du Vietnam récemment promulgués ou amendés permettent d'assurer la compatibilité avec quelques autres dispositions de l'AFE. Il faut ajouter donc à cette liste les dispositions contenues dans :

- *L'article 3.9.a concernant la définition de la décision anticipée :*

Selon l'article 3.9.a de l'AFE, une « décision anticipée » s'entend « d'une décision écrite communiquée par un Membre au requérant avant l'importation d'une marchandise visée par la demande qui indique le traitement que le Membre accordera à la marchandise au moment de l'importation en ce qui concerne : i) le classement tarifaire de la marchandise ; et ii) l'origine de la marchandise ». Dans la loi vietnamienne des douanes de 2014, la « détermination anticipée du classement tarifaire, de l'origine et de la valeur signifie la détermination par les autorités douanières du classement tarifaire, de l'origine et de la valeur de la marchandise avant de procéder aux formalités douanières »[190]. Le terme utilisé dans la loi vietnamienne des douanes de 2014 est « la détermination anticipée », non pas « décision anticipée ». Toutefois, cette « détermination anticipée » existe sous forme d'un acte de notification écrite rendue par le Département général des douanes du Vietnam[191] et ayant force pour une durée maximale de trois ans, à compter de la date de la signature de cet acte[192]. Cela signifie que bien que la différence persiste dans l'utilisation du terme, la portée de ces deux règles est alors équivalente, l'une à l'autre. De plus, le champ d'application de la détermination anticipée selon la loi vietnamienne des douanes est encore

[189] Voir surtout les articles 38, 64, 65 de la loi sur les douanes de 2014 ; l'article 27 de la loi sur le commerce de 2005 ; les articles 39 et 40 du décret n°. 187/2013/NĐ-CP du 21 janvier 2013 du gouvernement portant application de la loi sur le commerce sur la vente internationale des marchandises, les agences de vente de marchandises, la confection et le transit des marchandises avec les commerçants étrangers.

[190] Article 4.26 de la loi vietnamienne sur les douanes de 2014.

[191] Article 24.3 du décret n°. 08/2015/NĐ-CP.

[192] Article 24.6 du décret n°. 08/2015/NĐ-CP.

plus large que celle de l'AFE (qui comprend également la détermination anticipée de la valeur de la marchandise[193]). Cet élargissement permet au droit vietnamien de couvrir la plupart des éléments prévus dans l'article 3.9.b de l'AFE qui restent sous forme de recommandation.

- *L'article 6.1 sur les disciplines générales concernant les redevances et impositions imposées à l'importation ou à l'occasion de l'importation et de l'exportation :*

Cette disposition régit surtout la publication des renseignements sur les redevances et impositions autres que les droits d'importation et d'exportation et que les taxes prévues de l'article III du GATT, le ménagement d'un délai approprié entre la publication et l'entrée en vigueur de ces redevances et impositions et, enfin, l'examen périodique effectué par chaque Membre de celles-ci.

Les analyses ci-dessus indiquent que le droit vietnamien est compatible avec l'article 1 de l'AFE. Toutefois, en matière de redevances et impositions, avant le 1er janvier 2017, une incompatibilité majeure demeure avec cet article. En effet, tous les documents juridiques dans lesquels les redevances et impositions sont prévues et déterminées ont été publiés. Toutefois, il s'agit d'une publication éparpillée dans plusieurs documents juridiques promulgués par le Comité permanent de l'Assemblée générale, par le Ministère des finances et par les Conseils populaires provinciaux. Toutes celles-ci n'ont pas été publiées dans un site unique, ce qui a provoqué des difficultés pour les entreprises et d'autres personnes dans l'application des règles sur telle ou telle redevance et imposition.

Ce problème sera partiellement remédié avec la promulgation et l'entrée en vigueur de la loi sur les redevances et impositions de 2015[194]. Une liste des redevances et impositions accompagnée des informations concernant le motif et l'autorité responsable sont déjà annexées dans cette loi, ce qui permet de la maintenir avec stabilité

---

[193] La détermination anticipée sur la valeur de la marchandise devra comprendre deux éléments : méthode de la détermination de la valeur et le prix unitaire de la marchandise (article 23.2 du décret 08/2015/NĐ-CP).

[194] Cette loi a été adoptée par l'Assemblée générale du Vietnam le 25 novembre 2015 et entrera en vigueur le 1er janvier 2017.

et d'éviter toute promulgation arbitraire de nouvelles redevances et impositions par le gouvernement et autres autorités concernées[195]. Les autres informations requises par l'article 6.1.2, y compris le moment et les modalités de paiements sont incorporées dans l'article 11 de cette loi[196].

Ainsi, la loi sur les redevances et les impositions de 2015 permettra donc au Vietnam d'assurer le respect des dispositions prévues dans l'article 6.1 de l'AFE, surtout en ce qui concerne la publication des renseignements sur les redevances et impositions.

- L'article 6.2 de l'AFE sur les disciplines spécifiques concernant les redevances et impositions aux fins du traitement douanier imposées à l'importation et à l'exportation ou à l'occasion de l'importation et de l'exportation :

Cet article exige notamment que les redevances et impositions précitées, d'une part, doivent être équivalentes au coût approximatif des services rendus pour l'opération d'importation ou d'exportation spécifique concernée[197] ; et d'autre part, ne doivent pas être liées à une opération d'import-export, à moins qu'elles sont perçues pour des services étroitement liés au traitement douanier des marchandises[198]. Avant l'entrée en vigueur de la loi sur les redevances et impositions de 2015, le droit interne du Vietnam ne contient aucune des deux exigences énoncées dans cet article[199]. Toutefois, à partir du 1er janvier 2017, la nouvelle loi exige que « le montant des redevances doive être déterminé dans le but de couvrir le coût des services rendus, en tenant compte de la politique de développement socio-économique énoncée pour chaque période… »[200] et que « le

---

[195] Rapport n° 135/TTr-CP du gouvernement du 31 mars 2015 sur le projet de la loi des redevances et impositions, pp. 2-4.

[196] L'article 11.2 prévoit que : « Le contribuable doit déclarer et payer les redevances et impositions par moi, trimestre, année ou à chaque transaction qui soumet aux redevances ou impositions ». L'article 11.3 énonce ensuite que : *«Les contribuables paient les redevances et impositions aux autorités ou la trésorerie de l'Etat sous forme d'un paiement direct en espèce ou par intermédiaire d'un établissement de crédit, de fournisseurs de service ou d'autres formes prescrites par la loi ».*

[197] Article 6.2.i) de l'AFE.

[198] Article 6.2.ii) de l'AFE.

[199] Voir les articles 12 et 13 du décret-loi sur les redevances et impositions de 2001.

[200] Article 8 de la loi sur les redevances et impositions de 2015.

montant des impositions soit prédéterminé et ne vise pas à compenser le coût des services rendus... »[201]. Dès lors, les deux nouvelles règles incorporées dans cette loi permettront donc au Vietnam de répondre aux exigences du présent article de l'AFE.

- *Article 7.3.5 de l'AFE sur la libération de la garantie :*

L'article 7.3.5 énonce que : « la garantie visée au paragraphe 3.2 et 3.4 sera libérée quand elle ne sera plus requise »[202]. En ce qui concerne cette garantie, la loi vietnamienne sur les douanes de 2014 prévoit déjà qu'une garantie sera exigée pour toute somme de droits de douanes n'ayant pas encore été payée ou en cas de pénalités[203]. Portant application de cette disposition, la circulaire n° 38/2015/TT-BTC du Ministère des finances du 25 mars 2015 concrétise la forme, les conditions et procédures de mise en service de la garantie. Conformément à l'article 43.1 de cette circulaire, il existe deux formes de garantie : garantie séparée, applicable à une seule déclaration en douane ; et garantie générale (ou garantie révocable), applicable à deux ou plusieurs déclarations en douane. Ensuite, au titre des articles 43.3.d et 43.4.3, la garantie dans l'une ou l'autre forme sera libérée lorsqu'elle n'est plus requise. S'y ajoute encore certaines règles contenues dans la circulaire du 184/2015/TT-BTC du Ministère des finances du 17 novembre 2015[204]. Conformément à la dernière circulaire, la garantie peut être émise par la banque par

---

[201] Article 9 de la loi sur les redevances et impositions de 2015.

[202] L'article 7.3.2 de l'AFE prévoit : « Comme condition de cette mainlevée, un Membre pourra exiger : a) le paiement des droits de douane, taxes, redevances et impositions déterminés avant ou au moment de l'arrivée des marchandises et une garantie pour tout montant n'ayant pas encore été déterminé, sous la forme d'une caution, d'un dépôt ou d'un autre instrument approprié prévu dans ses loi et réglementations ; ou b) une garantie sous la forme d'une caution, d'un dépôt ou d'une autre instrument approprié prévu dans ses lois et réglementations ».

L'article 7.3.4 énonce ensuite que : « Dans les cas où une infraction passible de pénalités pécuniaires ou d'amendes aura été détectée, une garantie pourra être exigée pour les pénalités et les amendes pouvant être imposées ».

[203] Article 36 de la loi sur les douanes de 2014.

[204] Circulaire n° 184/2015/TT-BTC du Ministère des finances du 17 novembre 2015 guidant procédures sur la déclaration, la garantie, la perception de droits de douane, sommes indues, amendes, redevances, charges et autres impositions pour les marchandises à l'exportation ou à l'importation et les moyens de transport entrant, sortant et en transit.

voie électronique ou en papier[205]. L'article 22.7 précise notamment la situation où la garantie générale est libérée : dans le cas où la banque émettrice d'une garantie générale demande aux autorités douanières de libérer ladite garantie, les autorités douanières en mettra à terme l'utilisation sur le système lorsque tous les droits de douane, les sommes indues et les amendes résultant des déclarations en douane ayant garanties par cette garantie générale auront été payés par le déclarant en douane.

En somme, la promulgation et l'entrée en vigueur des documents juridiques après le réexamen effectué par le VCCI ont permis d'ajouter dans le droit positif du Vietnam des règles compatibles avec l'AFE. Malgré une compatibilité considérable, le gouvernement a exprimé une prudence (ou une réticence ?) dans sa notification des engagements de la catégorie A.

ii. Une prudence du gouvernement vietnamien

Conformément à la notification du Vietnam au Comité préparatoire de la facilitation des échanges datée du 31 juillet 2014, le Vietnam a déterminé quinze dispositions de l'AFE comme relevant de la catégorie A (*voir le tableau 2.1*).

Tableau 2.1 : Les dispositions de l'AFE relevant de la catégorie A notifiée par le Vietnam au Comité préparatoire de la facilitation des échanges le 31 juillet 2014

	Article	Libellé de la disposition
1.	Article 1.3	Points d'information
2.	Article 1.4	Notification
3.	Article 2.1	Possibilité de présenter des observations et renseignements avant l'entrée en vigueur
4.	Article 2.2	Consultations
5.	Article 4.1	Droit à un recours ou à un réexamen

[205] Conformément à cette circulaire ministérielle, « la garantie de droits de douane électronique s'entend de l'émission par une banque de lettres de garantie de droit de douane au moyen de la transmission des données électroniques relatives à cette garantie à travers le Portail de paiement électronique des douanes ». Il s'agit donc surtout des garanties existant sous forme électronique. Toutefois, au titre de l'article 22.5, la forme papier de la garantie peut être acceptée.

6.	Article 6.1	Disciplines générales concernant les redevances et impositions imposées à l'importation et à l'exportation ou à l'occasion de l'importation et de l'exportation
7.	Article 6.2	Disciplines spécifiques concernant les redevances et impositions imposées à l'importation et à l'exportation ou à l'occasion de l'imposition et de l'exposition
8.	Article 7.8	Envois accélérés
9.	Article 9	Mouvement des marchandises sous contrôle douanier destinées à l'importation
10.	Article 10.1	Formalités et prescriptions en matière de documents requis
11.	Article 10.2	Acceptation de copies
12.	Article 10.6	Recours aux courtiers en douane
13.	Article 10.7	Procédures communes à la frontière et prescriptions uniformes en matière de documents requis
14.	Article 11.1 à 11.3	Impositions, réglementations et formalités relatives au transit
15.	Article 11.4	Renforcement de la non-discrimination en matière de transit

Source : OMC – Comité préparatoire de la facilitation des échanges, *Notification des engagements de la catégorie A au titre de l'Accord sur la facilitation des échanges – Communication présentée par le Vietnam,* le 31 juillet 2014, WT/PCTF/N/VNM/1, pp. 1-2.

Il ressort de ce tableau que les engagements de la catégorie A notifiés par le Vietnam au Comité provisoire de la facilitation des échanges ne comportent pas toutes les dispositions de l'AFE avec lesquelles le droit interne vietnamien est compatible. De plus, il existe une incohérence dans cette notification, lorsque ce Membre a classé l'article 1.4 mais non les articles 1.1 et 1.2 comme relevant de la catégorie A. En fait, l'obligation de notification requise au titre de l'article 1.4 de l'AFE concerne strictement les obligations énoncées dans les articles 1.1 et 1.2. Si le Vietnam n'est pas encore en mesure de publier les renseignements exigés par l'article 1.1 et les mettre en ligne au titre de l'article 1.2, il tombera donc dans l'impossibilité d'assurer la notification prévue à l'article 1.4. Autrement dit, cette incohérence ne permettrait pas au Vietnam de respecter les prescriptions prévues dans cet article.

Rappelons que jusqu'en octobre 2016, tous les pays membres de l'ASEAN ont ratifié le Protocole d'amendement et ont notifié au Comité préparatoire de la facilitation des échanges leurs engagements de la catégorie A. Par rapport à ces Membres, les engagements du Vietnam de la catégorie A sont au niveau moyen (*voir le tableau 2.2*).

Tableau 2.2 : Comparaison des engagements de la catégorie A du Vietnam avec ceux d'autres Membres de l'Asie du Sud-Est[206]

	Membres	Nombre d'engagements de la catégorie A	Dispositions correspondantes de l'AFE
1.	Brunei[207]	5	Articles 1.2 ; 4 ; 7.6 ; 7.7 et 10.4
2.	Laos[208]	13	Articles 1.1, 1.2, 1.3, 1.4, 4, 5.1, 5.2, 6.2, 7.1, 9, 10.5, 10.6, 10.7
3.	Indonésie[209]	3	Articles 6.3, 7.1 et 10.6
4.	Malaisie[210]	43	Toutes les dispositions de la Section I de l'AFE, à l'exception des articles 7.8 et 11.9

206 Le Cambodge et la Birmanie ont notifié leur ratification du Protocole d'amendement, respectivement le 17 février 2016 et le 16 décembre 2015. Toutefois, leur notification des engagements de la catégorie A n'est pas encore disponible sur le site web de l'OMC.

207 OMC – Comité préparatoire de la facilitation des échanges, *Notification des engagements de la catégorie A au titre de l'Accord sur la facilitation des échanges – Communication présentée par le Brunei Darussalam*, le 8 août 2014, WT/PCTF/N/BRN/1, p. 1.

208 OMC – Comité préparatoire de la facilitation des échanges, *Notification des engagements de la catégorie A au titre de l'Accord sur la facilitation des échanges – Communication présentée par la RDP Lao*, le 17 septembre 2015, WT/PCTF/N/LAO/1, p. 1.

209 OMC – Comité préparatoire de la facilitation des échanges, *Notification des engagements de la catégorie A au titre de l'Accord sur la facilitation des échanges – Communication présentée par l'Indonésie*, le 4 août 2014, WT/PCTF/N/IDN/1, p. 1.

210 OMC – Comité préparatoire de la facilitation des échanges, *Notification des engagements de la catégorie A au titre de l'Accord sur la facilitation des échanges – Communication présentée par la Malaisie*, le 23 juillet 2014, WT/PCTF/N/MYS/1, p. 1.

5.	Philippines[211]	28	Articles 1.1, 1.2, 1.3, 1.4, 2.1, 3, 4, 5.2, 5.3, 6.1, 6.2, 6.3, 7.1, 7.3, 7.4, 7.6, 7.7, 7.8, 7.9, 9, 10.2, 10.3, 10.5, 10.6, 10.7, 10.9, 11, 12.
6.	Singapour[212]	45	Tous les articles 1 à 12 de l'AFE
7.	Thaïlande[213]	36	Toutes les dispositions de la section I de l'AFE, sauf les articles 4.4, 5.3, 6.3.4, 7.1.1, 11.1, 11.8, 11.9, 12.2 et 12.6.1
8.	Vietnam	15	Les articles 1.3, 1.4, 2.1, 2.2, 4.1, 6.1, 6.2, 7.8, 9, 10.1, 10.2, 10.6, 10.7, 11.1, 11.2, 11.3, 11.4.

Source : Ce tableau établi à partir des données disponibles sur le site web de l'OMC.

Il ressort de ce tableau que les engagements de la catégorie A du Vietnam sont inférieurs à ceux de la Thaïlande, de la Malaisie, des Philippines et de Singapour[214]. Ceci semble indiquer que par rapport au niveau de la promulgation et de la mise en œuvre des règles régissant la facilitation des échanges de ces quatre Membres, les règles régissant la facilitation des échanges du Vietnam ne répondent pas encore, pour une part considérable, aux exigences de l'AFE. Toutefois, comme nous l'avons démontré ci-dessus, le droit interne du Vietnam comporte en effet plusieurs règles compatibles avec l'AFE, le choix des dispositions de l'AFE comme relevant de la catégorie A justifie la prudence démontrée par le Vietnam envers la mise en œuvre de l'AFE. Comme l'a expliqué M. NGUYEN Toan, directeur du Département des coopérations internationales

[211] OMC – Comité préparatoire de la facilitation des échanges, *Notification des engagements de la catégorie A au titre de l'Accord sur la facilitation des échanges – Communication présentée par les Philippines*, le 1er août 2014, WT/PCTF/N/PHL/1, pp. 1-2.

[212] OMC – Comité préparatoire de la facilitation des échanges, *Notification des engagements de la catégorie A au titre de l'Accord sur la facilitation des échanges – Communication présentée par Singapour*, le 18 juin 2014, WT/PCTF/N/SGP/1, p. 1.

[213] OMC – Comité préparatoire de la facilitation des échanges, *Notification des engagements de la catégorie A au titre de l'Accord sur la facilitation des échanges – Communication présentée par la Thaïlande – Addendum*, le 19 septembre 2016, WT/PCTF/N/THA/1/Add.1, p. 1.

[214] Voir également : J. M. FINGER, *op. cit.*, pp. 3 et 6, disponible sur : http://ssrn.com/abstract=2489038 (url consultée le 10 septembre 2016).

(Département général des douanes du Vietnam) lors de notre entretien :

« Le Vietnam est un pays en développement. Il peut bénéficier des traitements spéciaux et différenciés prévus dans l'AFE. Nous avons procédé à un strict réexamen du droit vietnamien en la matière. Malgré le fait que le droit vietnamien présente déjà des règles compatibles avec la plupart des dispositions de l'AFE, la mise en œuvre de ces règles durant ces derniers temps nous a fait savoir qu'il demeure certains écarts et difficultés auxquels il est nécessaire de remédier pour assurer une compatibilité entière avec l'AFE et qui ne nous ont pas permis de s'engager plus largement dans la catégorie A »[215].

Ce constat est corroboré par les analyses contenues dans le deuxième chapitre de cette étude. En d'autres termes, les difficultés de la mise en œuvre des règles internes dans ce domaine empêchent effectivement le Vietnam d'obtenir de meilleurs résultats dans la réforme des procédures administratives en général et la réforme dans le secteur de la douane en particulier.

2.2.2. Règles incompatibles

En dehors des dispositions de l'AFE citée ci-dessus, le reste de la première section concerne les dispositions avec lesquelles le droit vietnamien présente des incompatibilités. Les analyses suivantes vont mettre l'accent sur celles-ci.

i. Certaines dispositions contenues dans l'article 3 de l'AFE

En général, la loi vietnamienne sur les douanes de 2014 et les décrets gouvernementaux portant application de cette loi[216] comportent déjà des règles compatibles avec la plupart des dispositions

[215] Entretien effectué dans le cadre de ce projet de recherche.

[216] À savoir : le décret n° 08/2015/NĐ-CP du 21 janvier 2015 du Gouvernement portant application de la loi de la douane sur les procédures douanières, les procédures d'examen, de supervision et de contrôle ; et la circulaire n° 38/2015/TT-BTC du Ministère des finances du 25 mars 2015 sur les procédures douanières, la surveillance et l'inspection des douanes, la taxe d'exportation, la taxe d'imposition et l'administration fiscale appliquées aux marchandises exportées et importées.

de l'article 3 de l'AFE. Toutefois, il existe deux règles incompatibles importantes suivantes :

Premièrement, la définition du terme « requérant »

Selon l'article 9.3.c de l'AFE, « requérant s'entend d'un exportateur, d'un exportateur ou de toute personne ayant motifs valables, ou de son représentant ». Selon la loi vietnamienne des douanes de 2014, « les déclarants en douane comprennent les propriétaires de biens, propriétaires de véhicules, opérateurs de véhicules, courtiers en douanes et les personnes autorisées par les propriétaires de marchandises ou les propriétaires de véhicules à procéder aux formalités douanières »[217]. Apparemment, la définition dans la loi vietnamienne indique plusieurs types de personnes qui peuvent devenir déclarants en douane. Toutefois, cette définition à caractère fermé ne couvre donc pas toutes les personnes visées par l'article 9.3.c de l'AFE. C'est-à-dire que le requérant d'une décision anticipée selon la loi vietnamienne est plus restreint que l'AFE, ce qui limite alors la possibilité de demander des décisions anticipées au Vietnam.

Deuxièmement, la disposition contenue dans l'article 3.2 de l'AFE

Cet article démontre deux situations dans lesquelles une décision anticipée pourrait ne pas être rendue. Le décret n° 08/2015/NĐ-CP prévoit que le refus d'une détermination anticipée n'est décidé que lorsque la demande d'une détermination anticipée ne répond pas aux conditions et dossiers requis[218]. Autrement dit, deux situations énoncées par l'article 3.2 de l'AFE ne sont pas encore incorporées dans ce décret. Le verbe « pouvoir » utilisé dans cette disposition montre qu'il s'agit des possibilités qu'un Membre pourra prendre en compte pour refuser une demande de décision anticipée. Toutefois, pour assurer un respect total de l'AFE, il faut donc ajouter dans le droit positif du Vietnam des règles permettant de refuser une demande de décision anticipée dans certaines circonstances.

ii. Obligation contenue dans l'article 5.3 de l'AFE

L'article 5.3 de l'AFE énonce la possibilité d'un second essai en cas de conclusion défavorable du premier essai effectué sur un

---

217 Article 4.14 de la loi vietnamienne sur les douanes de 2014.
218 Article 24.3 du décret 08/2015/NĐ-CP.

échantillon prélevé à l'arrivée de marchandises déclarées pour l'importation[219], la publication « d'une manière non discriminatoire et facilement accessible » du nom et de l'adresse du laboratoire où l'essai peut être mise en place[220] et l'examen et l'acception du résultat de ce second essai[221]. La loi vietnamienne sur les douanes de 2014 prévoit déjà que le déclarant peut demander aux autorités douanières de procéder à une seconde vérification des marchandises s'il n'est pas d'accord avec le résultat du premier essai, à condition que ces marchandises n'aient pas encore été dédouanées[222]. Une liste des laboratoires où l'essai peut être effectué a été prévue dans la circulaire n° 44/2001/TT-BKHCNMT du Ministère de la science, de la technologie et de l'environnement. Toutefois, le droit vietnamien en la matière ne prévoit pas la possibilité d'un second essai en cas de désaccord avec le résultat d'un premier essai effectué par les organes autres les autorités douanières. Au Vietnam, les autorités douanières et les organes rattachant à des ministères ayant rôle d'administration pour certains secteurs spéciaux peuvent effectuer l'examen et la vérification des marchandises déclarées pour l'importation[223]. L'article 30.2 du décret n°. 08/2015/NĐ-CP énonce que le déclarant peut déposer une plainte contre le résultat effectué par ces organes. Cependant, cette plainte n'est pas un second essai. Dès lors, cette absence limiterait donc les droits d'un déclarant au titre de l'AFE.

De plus, le contenu de la circulaire n° 44/2001/TT-BKHCNMT devient déjà caduc. La liste des laboratoires n'est pas mise à jour depuis 15 ans. Cela veut dire que si l'actualisation de cette liste n'est pas effectuée sous forme d'une nouvelle circulaire remplaçant celle-ci, le Vietnam ne répondra pas aux exigences prévues dans l'article 5.3.2 de l'AFE.

---

219 Article 5.3.1 de l'AFE.

220 Article 5.3.2 de l'AFE.

221 Article 5.3.3 de l'AFE.

222 Article 18 de la loi vietnamienne sur les douanes de 2014. Voir également l'article 30.1 du décret n°. 08/2015/ND-CP.

223 Le Centre de l'OMC – VCCI, *op.cit.*, p. 9.

iii. Article 7.7 de l'AFE

L'article 7.7 prévoit les mesures de la facilitation des échanges pour les opérateurs agréés. À ce sujet, les articles 42 et 43 énoncent déjà des conditions et des formes appliquées aux opérateurs agréés. Approximativement, le droit vietnamien présente la compatibilité avec la plupart des règles prévues dans cet article, sauf deux règles relatives à :

- L'offre des mesures de facilitation des échanges destinées aux opérateurs agréés à tous les opérateurs sans être tenu d'établir un système distinct[224]. Actuellement, au titre de l'article 42 de la loi sur les douanes de 2014, un des critères à satisfaire pour être considéré comme un opérateur agréé est que la valeur annuelle d'import-export effectuée par cet opérateur devra atteindre à un niveau fixé par le gouvernement[225]. Cette valeur est ensuite déterminée, dans le décret n°. 08/2015/NĐ-CP, à 100 millions de dollars américains (soit environ 2.100 milliards de dongs vietnamiens) pour l'ensemble des opérateurs, ou à 40 millions de dollars américains pour les exportateurs des produits fabriqués au Vietnam, ou à 30 millions de dollars américains pour les exportateurs des produits agricoles fabriqués ou élevés au Vietnam[226]. Avec cette condition, les petites et moyennes entreprises opérant sur le marché vietnamien ne sont pas en mesure de bénéficier des mesures destinées aux opérateurs agréés. Il est donc impossible de mettre en œuvre la possibilité prévue par l'AFE.

- L'utilisation de la sécurité de la chaîne d'approvisionnement comme critère à satisfaire pour pouvoir être considéré comme un opérateur agréé[227] : parmi les six critères utilisés dans le droit vietnamien[228], celui-ci ne figure pas encore. Dans l'avenir, ce critère de-

224 Deuxième phrase de l'article 7.7.1 de l'AFE.

225 Article 42.1.b) de la loi sur les douanes de 2014.

226 Article 10.4 du décret n°. 08/2015/NĐ-CP.

227 Article 7.7.2.a.iv) de l'AFE.

228 Il s'agit du respect du droit vietnamien sur les douanes et taxes durant deux années consécutives ; de la valeur annuelle d'import-export qui devra atteint à un niveau fixe ; de la capacité d'effectuer les formalités douanières électroniques, y compris le paiement des droits de douane en ligne ; du paiement à travers le système bancaire ; de la disponibilité d'un système de contrôle interne et du respect

vra être incorporé dans le droit positif du Vietnam. Toutefois, l'évaluation de la sécurité de la chaîne d'approvisionnement représentera un obstacle majeur pour le Vietnam en raison de l'absence d'expertise en cette matière. Cela veut dire que le Vietnam nécessitera une assistance technique concernant l'évaluation de la sécurité de la chaîne d'approvisionnement pour pouvoir bien respecter cette disposition de l'AFE.

iv. Article 7.8 sur les envois accélérés

Cet article prévoit des mesures permettant un dédouanement et une mainlevée rapide des envois accélérés. Le Ministère des finances a promulgué, le 24 novembre 2015, la circulaire n°. 191/2015/TT-BTC guidant les procédures douanières pour les marchandises à l'exportation, à l'importation ou en transit par voie des envois accélérés internationaux. Cette circulaire contient des règles compatibles avec la plupart des prescriptions de l'article 7.8 de l'AFE. Toutefois, les procédures douanières prévues dans celle-ci ne s'appliquent pas de la même manière à toutes les marchandises à l'exportation, à l'importation ou en transit par voie des envois accélérés. Les marchandises sont classées en trois groupes : les documents sans valeur commerciale ; les marchandises dont le droit de douane n'est pas recouvré ; et les autres marchandises[229]. Les mesures de la facilitation des échanges pour les envois accélérés prévus sont applicables uniquement aux deux premiers groupes de marchandises. Le troisième groupe doit passer par les procédures douanières normales prescrites dans la circulaire n°. 38/2015/TT-BTC. Cela implique que le Vietnam ne pourra pas respecter les dispositions de l'Article 7.8.2.

De plus, dans cette circulaire, la coordination entre les autorités douanières et les organes étatiques chargés du contrôle des marchandises à l'exportation ou à l'importation n'est pas prévue[230]. Il est implicite que l'article 33 du décret n°. 08/2015/NĐ-CP s'applique *mutatis mutandis*. Cependant, pour assurer le traitement le plus

du droit sur l'audit et la compatibilité. Voir l'article 42 de la loi sur les douanes de 2014.

[229] Article 6 de cette circulaire.

[230] Centre de l'OMC – VCCI, *op.cit.*, p. 70.

rapide possible des marchandises faisant l'objet du contrôle spécialisé en cas d'envois accélérés, il est important d'énoncer directement tel ou tel mécanisme dans la présente circulaire, car cela favorisera sa mise en œuvre dans la pratique.

v. Article 7.9 sur les marchandises périssables

Les dispositions de l'article 7.9 sur les marchandises périssables ne sont pas incorporées dans le droit vietnamien, surtout en matière des procédures douanières. Autrement dit, dans les documents juridiques précités, aucune règle n'énonce le dédouanement et la mainlevée accélérée pour telle ou telle marchandise.

vi. Article 8 sur le mécanisme de coordination entre les organes chargés du contrôle à la frontière.

L'article 8 prévoit l'obligation pour chaque Membre de l'OMC d'assurer que ses autorités et organismes chargés du contrôle à la frontière doivent coopérer et coordonner leurs activités. À cet égard, l'article 33 du décret n°. 08/2015/NĐ-CP contient des règles sur la responsabilité et le mécanisme de coordination des organes étatiques compétents chargés du contrôle des marchandises et des moyens de transports à la frontière. Tout d'abord, cet article exige que le contrôle des marchandises et moyens de transports doive être effectué par ces organes en même temps à la frontière ou sur les places dédiées à ce contrôle, à l'exception de circonstances où, pour des raisons techniques diverses, les marchandises doivent être transportées vers les lieux de contrôle spéciaux[231]. Le contrôle doit être présidé par les autorités douanières[232] en se basant sur le Règlement des activités de contrôle des organes compétents à la frontière promulgué par le Premier ministre. Jusqu'aujourd'hui, ce règlement n'est pas encore promulgué mais est en cours d'élaboration par le Département général des douanes. L'absence de ce règlement ne permet pas la mise en œuvre effective de l'article 33 du décret n°. 08/2015/NĐ-CP, d'où la faible coordination entre les organes compétents du Vietnam en cette matière.

231 Deuxième alinéa de l'article 33.1 du décret n°. 08/2015/NĐ-CP.

232 Troisième alinéa de l'article 33.1 du décret n°. 08/2015/NĐ-CP.

vii. Article 10.8 sur les marchandises refusées

Rappelons que l'article 10.8 de l'AFE prévoit la possibilité pour un importateur de réexpédier ou de renvoyer à l'exportateur ou à d'autres personnes désignées par l'exportateur les marchandises refusées au motif de non-respect des réglementations sanitaires ou phytosanitaires ou des règlements techniques. Dans le droit vietnamien, plusieurs possibilités sont prévues à ce sujet. Les marchandises ne répondant pas aux conditions d'importation doivent, après les contrôles spécialisés, soit être re-manufacturées, soit détruites, soit réexpédiées[233]. Le problème est que le droit vietnamien n'indique pas dans quelles conditions un de ces trois cas s'applique. Autrement dit, le déclarant en douane n'est pas assuré que les marchandises puissent être toujours renvoyées ou réexpédiées comme cela est prévu à l'article 10.8 de l'AFE.

viii. Article 12 sur la coopération douanière

L'article 12 prévoit les mesures pour renforcer la coopération douanière entre les Membres de l'OMC. Ce thème est prévu dans la loi sur les douanes de 2014[234] et précisé dans certain nombre des accords sur la coopération et entraide administrative signés par le Vietnam avec la Corée en 1995, avec la Mongolie en 2003, avec la Bélarusse en 2008, avec l'Ukraine et la Russie en 2010. Certains accords de coopération ont été également signés au nom du Ministère

233 Article 32.5.b de la circulaire 38/2015/TT-BTC.

234 Article 6, libellé « Activités de coopération internationale douanière », énonce que : « 1. Les activités de coopération internationale douanière se comprend : a) de la négociation, de la signature et de l'organisation de la mise en œuvre des traités et accords internationaux sur les douanes ; b) de l'organisation de l'exploitation, de l'échange d'information et de la coopération professionnelle avec les douanes d'autres pays et avec les organisations internationales concernées ; c) de l'envoi des officiers douaniers à l'étranger et de la réception des officiers douaniers étrangers au Vietnam pour effectuer les activités professionnelles conformément au droit douanier et aux traités internationaux dont le Vietnam fait partie ; d) de la mise en œuvre des droits et obligations du Vietnam dans le cadre de l'Organisation mondiale de la douane, des organisations internationales concernées et avec d'autres pays (…) ».

des finances[235] et du Département général des douanes[236]. Toutefois, au titre de l'article 12 de l'AFE, il s'agit d'une coopération douanière non pas entre certains Membres de l'OMC mais parmi tous les Membres de l'OMC. Dès lors, les règles existantes dans la loi vietnamienne sur les douanes de 2014 n'établissent pas encore des principes généraux de coopération douanière (surtout la réciprocité) et ne comprennent pas encore celles prévues, par exemple, aux articles 12.4 à 12.9 de l'AFE[237]. Cette absence ne permet donc pas au Vietnam de respecter l'ensemble des dispositions de cet article dès l'entrée en vigueur de l'AFE.

En somme, il ne reste qu'un certain nombre des dispositions de l'AFE avec lesquelles le droit interne du Vietnam est incompatible. Cela signifie que sous l'angle juridique, la mise en œuvre de l'AFE ne poserait pas au Vietnam de grandes difficultés, surtout en ce qui concerne l'obligation d'assurer la compatibilité du droit interne avec ledit accord. En revanche, les implications de cette mise en œuvre résultent surtout du fait que la pratique de la facilitation des échanges au Vietnam, malgré des avancées, présente encore des obstacles majeurs susceptibles d'empêcher le Vietnam de respecter dûment l'AFE. Les analyses dans le chapitre suivant mettront donc en lumière l'état des lieux de la facilitation des échanges au Vietnam.

---

[235] Ce sont les accords signés avec le Ministère des finances et de l'économie du Pérou en 2011, avec le Département de l'énergie des États-Unis en 2010.

[236] Par exemple, les accords signés avec l'autorité douanière de la Chine en 1993, du Cambodge en 2007, de la France en 2009, de la Nouvelle-Zélande en 2010, de l'Australie en 2010, de l'Italie en 2012, du Soudan en 2012, de l'Argentine en 2012, de Hong Kong – Chine en 2013 et de Cuba en 2013.

[237] Voir également : Centre de l'OMC – VCCI, *op.cit.*, pp. 93-94.

CHAPITRE 3

MISE EN ŒUVRE DE L'ACCORD SUR LA FACILITATION DES ÉCHANGES DE L'OMC AU VIETNAM D'UN POINT DE VUE PRATIQUE

DO Viet Anh Thai[*]

Il faut rappeler que l'AFE n'est pas la première initiative sur la facilitation des échanges dont le Vietnam fait partie. De plus, la mise en œuvre des mesures dans le but de faciliter les échanges résulte non seulement des engagements du Vietnam dans tel ou tel instrument juridique international, mais également du besoin intrinsèque de l'économie et des activités d'import-export du Vietnam. La mise en route des réformes des procédures administratives en général et des réformes dans le secteur douanier en particulier a permis au Vietnam d'aboutir à des résultats qui favoriseraient la mise en œuvre de cet accord. À l'inverse, un certain nombre des problèmes restants pourraient l'affecter négativement. Dès lors, dans la première section, l'accent sera mis sur la situation actuelle de la facilitation des échanges au Vietnam (3.1). De ces analyses, il est important ensuite pour nous de questionner sur les enjeux pratiques de la mise en œuvre de cet accord pour les Vietnam (3.2).

3.1. SITUATION ACTUELLE DE LA FACILITATION DES ÉCHANGES AU VIETNAM

La facilitation des échanges au Vietnam, comme dans d'autres pays, est affectée par l'ensemble des mesures, non seulement dans

[*] Doctorante à l'Université Paris II Panthéon-Assas, Enseignante du droit des affaires internationales à l'École supérieure de commerce extérieure de Hanoï (Vietnam).

le secteur douanier mais également dans d'autres domaines (notamment le développement des infrastructures, des transports, des services logistiques, des chaînes d'approvisionnement, etc.)[238]. Toutefois, mise en relation avec l'application future de l'AFE au Vietnam, cette section se concentre sur la situation des moyens ou mesures prévus dans l'AFE et déjà mis en place au Vietnam. Tout d'abord, les analyses abordent les mesures mises en place et les résultats de cette mise en place (3.1.1). Ensuite, il est important d'indiquer et analyser les limites de cette mise en place (3.1.2).

3.1.1. Mesures mises en place et résultats

Ces dernières années, le Vietnam a déployé les mesures visant à renforcer la disponibilité et l'accessibilité des informations (3.1.1.1), simplifier les procédures douanières (3.1.1.2) et améliorer la coopération douanière (3.1.1.3).

3.1.1.1. Renforcement de la disponibilité et de l'accessibilité des informations

i. La réforme du droit douanier

L'article 1.1.1 de l'AFE exige à chaque Membre une publication relative aux procédures d'échange international « d'une manière non discriminatoire et facilement accessible afin de permettre aux gouvernements, aux négociants et aux autres parties intéressées d'en prendre connaissance ». Il s'agit d'une obligation de transparence qui est importante pour gagner la confiance des commerçants et pour faciliter des échanges[239]. La Commission économique des Nations Unies pour l'Europe considère que la transparence est l'un des principes fondamentaux de la facilitation des échanges. Cette obligation joue un rôle primordial pour les pays en développement où il est souvent difficile de trouver les informations officielles concernant les procédures administratives.

---

[238] D. M. PHAM et *al.*, *op.cit.*, pp. 5-6.

[239] T. HAMMAR, « Trade facilitation in Vietnam, recent progress and impact », Master thesis, Lund University, 2008, p. 19, disponible sur : https://lup.lub.lu.se/luur/download?func=downloadFile&recordOId=1337885&fileOId=1646865 (url consultée le 30 juin 2016).

Au Vietnam, depuis l'ouverture du marché à l'économie mondiale, le gouvernement a fait des efforts dans l'édiction des lois et règlements liés aux activités du commerce international. Outre la loi du commerce qui fixe le cadre juridique de base pour les activités commerciales, la loi sur les douanes est le texte législatif régissant directement les procédures d'importation, d'exportation et de transit au Vietnam. La première loi sur les douanes du Vietnam a été promulguée le 29 juin 2001 et est entré en vigueur à partir du premier janvier 2002. Une première modification a été réalisée par la loi du 14 juin 2005 afin d'adapter le droit vietnamien aux exigences de l'OMC - une étape nécessaire pour l'adhésion du Vietnam à l'OMC. Pourtant, après près de dix ans d'application, on a révélé plusieurs points faibles de la loi de 2001 et de la modification de 2005. On lui reproche surtout de ne pas être suffisamment compatible avec les conventions internationales ainsi que les normes internationales importantes dans le secteur et d'être inadapté à la tendance de modernisation des procédures douanières[240]. Ce sont les raisons pour lesquelles une réforme a récemment eu lieu et fait naître la loi sur les douanes de 2014.

Composée de 8 chapitres avec 104 articles, la nouvelle loi sur les douanes de 2014 vise à créer un cadre juridique solide permettant à la douane vietnamienne de mener à bien sa mission de gérer le flux des marchandises, tout en assurant la sécurité des échanges et en luttant contre les actes frauduleux. Dans le but d'adapter les pratiques vietnamiennes aux demandes internationales de facilitation des échanges, le législateur vietnamien a essayé de transposer dans la loi vietnamienne les traités internationaux que le Vietnam a ratifiés, notamment les exigences de l'AFE. Depuis 2014, un certain nombre de décrets gouvernementaux et de circulaires ministérielles ont aussi été promulgués pour clarifier et concrétiser les dispositions de celle-ci.

---

240 Ministère vietnamien des Finances, Plan de présentation de la loi de la douane, 2014, p.1 et s.

ii. La mise en ligne des informations

À l'heure actuelle, l'internet est considéré comme l'un des meilleurs moyens de communication. Grâce à l'internet, les informations peuvent être propagées rapidement avec le moindre coût. Reconnaissant ces atouts, l'AFE impose aux Membres, dans son article premier, une obligation concernant la mise en ligne des renseignements essentiels concernant les procédures d'importation et d'exportation[241].

Au Vietnam, depuis longtemps, le gouvernement utilise l'internet pour diffuser des informations aux citoyens[242]. Il le fait par le biais de sites officiels mis en place et gérés par différents organes étatiques grâce auxquels les informations sont fournies plus facilement aux habitants et entreprises et deviennent plus crédibles. Dans le domaine juridique en général, un site web[243] intitulé « base des données juridiques nationales », a été mis en place pour publier tous les documents juridiques officiels du Vietnam, y compris les codes, les lois ainsi que les décrets, les réglementations guidant l'application de ces textes. Sur le site, sont fournies en même temps les versions en vigueur, les anciennes versions et les versions qui vont entrer en vigueur d'un quelconque document juridique. L'un des avantages de ce site est la disponibilité de tous les documents juridiques du Vietnam : ceci facilitera toute recherche des règles régissant un

---

[241] L'alinéa 2.2.1 de l'article premier de l'AFE dispose que « Chaque Membre mettra à disposition sur Internet, et y mettra à jour dans la mesure du possible et selon qu'il sera approprié, les renseignements ci-après :

- Une description de ses procédures d'importation, d'exportation et de transit, y compris les procédures de recours ou de réexamen, qui informe les gouvernements, les négociants et les autres parties intéressées des démarches pratiques nécessaires aux fin de l'importation, de l'exportation et du transit ;

- Les formulaires et documents requis pour l'importation sur, ou l'exportation à partir de, son territoire, ou pour le transit par son territoire ;

- Les coordonnées de son (ses) point(s) d'information. »

[242] Voir la décision n°. 112/2001/QĐ-TTg du Premier ministre du 25 juillet 2001 portant approbation du Projet d'informatisation des gestions administratives pour la période de 2001-2005.

[243] Voir le site des documents juridiques au Vietnam : http://vbpl.vn/. Il s'agit d'une nouvelle base de données qui remplace l'ancienne base de données à l'adresse http://vietlaw.gov.vn, laquelle s'est opérée gratuitement depuis l'adhésion du Vietnam à l'OMC.

thème concret. De plus, la plupart des textes sont traduits en anglais, ce qui permet aux entreprises étrangères de l'explorer facilement. Pourtant, comme les textes sont écrits sous un langage juridique et qu'il y a souvent plusieurs documents portant sur un thème, les lecteurs doivent avoir des connaissances juridiques de base pour bien comprendre les textes et de combiner les différents textes pour avoir une réponse complète à leur problème. S'y ajoute la mise en ligne tardive des documents juridiques traduits en anglais sur le site[244]. Ces difficultés peuvent affecter l'utilisation efficace de ce site, surtout de la part des entreprises étrangères.

Outre le site du Ministère de la justice, tous les autres ministères ainsi que les autres autorités étatiques ont aussi leur propre site web officiel pour diffuser les informations qui les concernent. Dans le secteur douanier, le site officiel du Département général des douanes[245] regroupe tous les renseignements relatifs à la douane vietnamienne. L'on y trouve tout d'abord une liste des différentes procédures administratives dans le secteur douanier dont les entreprises peuvent se servir pour avoir une vue globale sur les formalités douanières liées à leurs opérations avant de commencer leurs opérations. À ce jour, 167 procédures[246] sont citées sur le site. Il s'agit des procédures d'importation, d'exportation et de transit, avec une description précise des étapes à suivre, des documents constitutifs du dossier à fournir, du temps prévu pour le traitement du dossier, de l'autorité responsable du traitement du dossier, des redevances et impositions, ainsi que des liens pour télécharger les formulaires de déclaration. Ces descriptions sont disponibles non seulement pour les marchandises ordinaires mais aussi pour les marchandises spécifiques qui requièrent un traitement plus complexe.

---

[244] Par exemple, pour une consultation de ce site du 10 novembre 2016, le dernier document juridique traduit en anglais mis sur ce site est la circulaire n°. 123/2015/TT-BTC du Ministère des finances du 18 août 2015 guidant les activités d'investissement direct sur la bourse vietnamienne.

[245] Voir le site du Département générale des douanes du Vietnam : http://www.customs.gov.vn/.

[246] Les procédures douanières peuvent être consultées directement sur le site web suivant : http://www.customs.gov.vn/Lists/TTHC2016/Default.aspx (url consultée le 15 juillet 2016).

En dehors du portail officiel du Département général des douanes, les départements provinciaux des douanes disposent également chacun d'un site web fournissant des informations sur les procédures douanières tombant dans leurs compétences. Ainsi, si les entreprises connaissent le département douanier provincial devant lequel leurs marchandises devront passer, elles peuvent aller consulter directement les informations sur le site internet de ce département.

iii. L'établissement des points d'informations

Traditionnellement au Vietnam, chaque département provincial des douanes est considéré comme un point d'information où les déclarants en douane peuvent demander des renseignements ou conseils. Les derniers peuvent aller à son siège pour solliciter directement des officiers douaniers les informations ou leur poser des questions. Les échanges d'information existent également par voie de courriers entre les déclarants et les autorités douanières concernées. Pourtant, ces méthodes présentent des inconvénients, notamment le coût du déplacement et le temps d'attente. Pour faciliter l'accès aux informations, les douanes vietnamiennes ont mis en place des lignes téléphoniques, dites « *hotline* », pour assister les entreprises dans leurs démarches administratives douanières ainsi que pour répondre à toutes autres questions concernant la douane. Ces lignes téléphoniques existent non seulement au niveau du Département général mais aussi au niveau des départements provinciaux et des sous-départements[247].

De plus, une plateforme, accessible à partir du site officiel du Département général des douanes[248], pour poser en ligne les questions concernant le droit douanier a été mise en place. Toute personne intéressée peut utiliser cette plateforme en vue de solliciter les explications ou les conseils pour les problèmes qu'elle rencontre lors des procédures d'importation ou d'exportation. Elle peut aussi

---

247 Les différentes lignes téléphoniques (*hotline*) au niveau du Département général figurent sur son site : http://www.customs.gov.vn/Lists/HaiQuanVietNam/Details.aspx?ID=479 (url consultée le 15 juillet 2016).

248 Cette plateforme est mise en ligne à l'adresse : http://www.customs.gov.vn/Lists/TuVanTrucTuyen/Default.aspx (url consultée le 15 juillet 2016).

consulter les réponses aux questions déjà posées pour trouver une réponse appropriée à sa situation.

iv. Les résultats

Considérant la situation de la disponibilité et de l'accessibilité des informations concernant les procédures d'importation et d'exportation, il est notable de constater que le Vietnam a largement rempli les exigences de l'article 1 de l'AFE. Les efforts de l'État vietnamien sont appréciés des entreprises. En effet, en 2015, la VCCI, en collaboration avec l'Agence américaine pour le développement international (*United States Agency for International Development*, ci-après l'USAID), dans le cadre du projet GIG (*Vietnam Governance for Inclusive Growth*), a réalisé une enquête sur la satisfaction des entreprises sur les procédures administratives dans le secteur douanier[249]. L'enquête a reçu la participation de 3.123 entreprises qui procèdent régulièrement à des formalités douanières[250].

La plupart des entreprises participant à l'enquête sont assez satisfaites de l'accessibilité des informations concernant les procédures douanières : 81% estiment que ces informations sont disponibles et faciles d'accès[251] et 65% trouvent que les informations sont simples et faciles à comprendre[252]. Concernant la qualité des différents moyens pour accéder aux informations, 89% sont contents du site internet du Département général des douanes, 76% sont contents du site internet des départements provinciaux des douanes[253] ; 74% se disent contentes des programmes de formation organisés par la douane vietnamienne[254].

Les résultats de l'enquête montrent aussi que les entreprises sont de plus en plus autonomes dans la recherche des informations concernant les procédures douanières. Il est notable que le taux des entreprises réalisant eux-mêmes des recherches d'information sur

---

[249] VCCI, USAID & Douanes du Vietnam, *Rapport du résultat de l'enquête de 2015 : Satisfaction des entreprises sur les procédures administratives dans le secteur douanier*, Hanoï, octobre 2015.

[250] *Ibid.*, pp. 12-17.

[251] *Ibid.*, p. 17.

[252] *Ibid.*, p. 19.

[253] *Ibid.*, pp. 17-18.

[254] *Ibid.*, p. 17.

les documents juridiques en la matière augmente depuis l'élaboration du projet de loi sur les douanes, de 24% en 2013 à 29% en 2015[255]. De même, le perfectionnement de la qualité des services de communication dans ce secteur a été confirmé, car le taux des entreprises qui peuvent accéder aux documents juridiques grâce aux services rendus par la douane a connu une forte croissance, passant de 12% en 2013 à 20% en 2015[256].

L'enquête a également porté aussi sur la satisfaction des entreprises relative aux réponses aux questions posées aux autorités douanières. Il ressort que 54% des entreprises ayant participé à l'enquête ont rencontré des difficultés lors de la recherche d'informations sur les activités douanières. 77% d'entre elles ont envoyé des questions aux départements provinciaux des douanes et 11% les ont envoyées directement au Département général des douanes. Le taux de satisfaction des réponses données par les départements provinciaux des douanes et le Département général des douanes sont respectivement de 77% et 76%[257].

Ces données statistiques montrent que les efforts de l'État vietnamien dans la réforme des règles du droit positif et l'amélioration de leur mise en œuvre aux buts de renforcer la disponibilité et l'accessibilité de l'information, surtout celle relative aux formalités douanières, portent leurs fruits. Ceci est de bon augure pour assurer une transparence plus grande lors de la mise en œuvre de l'AFE.

3.1.1.2. Simplification et modernisation des procédures douanières

La simplification et la modernisation des procédures douanières est une mesure mise en place dans le plan général de réforme des procédures administratives du Vietnam. Cette mesure se comprend surtout de deux volets : le système électronique VNACCS/VCIS (i) et le guichet unique national (ii).

i. La mise en œuvre du système électronique VNACCS/VCIS

- Présentation générale du système électronique VNACCS/VCIS

---

255 *Ibid.*, p. 22.
256 *Ibid.*, p. 22.
257 *Ibid.*, pp. 18-19.

La simplification des procédures douanières au Vietnam repose tout d'abord sur la construction et la mise en œuvre du système VNACCS/VCIS. Le projet de recherche et d'application de ce système a commencé en 2011 avec l'aide du Japon. Le 1er avril 2014, le système VNACCS/VCIS est officiellement mis en marche. Il se compose de deux sous-systèmes : le système de dédouanement automatique (*Vietnam Automated Cargo Clearance System*, VNACCS), d'une part, et le système intelligent d'informations douanières (*Vietnam Customs Intelligence Information System*, VCIS), d'autre part.

En général, le système VNACCS est le système de dédouanement automatique du Vietnam. Pour mettre en œuvre les procédures de dédouanement automatique, le système VNACCS/VCIS utilise différents logiciels, tels que la déclaration électronique (e-Declaration), la manifestation électronique (e-Manifest), la facture électronique (e-Invoice), le paiement électronique (e-Payment), le certificat d'origine électronique (e-C/O), et le logiciel sur la sélection, la gestion des dossiers, des risque et des entreprises d'importation et d'exportation, le dédouanement et mainlevée des marchandises, la surveillance et le contrôle[258].

En comparaison avec le système traditionnel, le système VNACCS regroupe les procédures pour trois périodes avant, pendant et après le dédouanement des marchandises. Par ailleurs, le VNACCS se comprend également les nouvelles fonctions comme les procédures d'inscription pour l'exonération des taxes, les procédures communes pour les marchandises commercialisées et non commercialisées, les procédures simplifiées applicables aux marchandises de valeur limitée, etc.[259] La principale avancée du VNACCS porte sur la capacité de relier les différents organes étatiques grâce au Guichet unique. C'est-à-dire, une fois que l'entreprise soumet à une autorité douanière son dossier, via VNACCS, cette autorité envoie ensuite les informations ainsi que le dossier

---

258 Douanes du Vietnam, *Généralités sur le système VNACCS/VCIS*, Hanoï, le 21 août 2013, disponible sur : http://www.customs.gov.vn/lists/tinhoatdong/viewdetails.aspx?id=19975&category=gi%E1%BB%9Bi+thi%E1%BB%87u+h%E1%BB%87+th%E1%BB%91ng+vnaccs%2Fvcis (url consultée le 15 juillet 2016).

259 *Ibid.*

aux différents organes étatiques compétents concernés pour demander leur permission. La décision des organes étatiques sera faite sur le système VNACCS. La liaison électronique entre les organes étatiques ainsi que le transfert en ligne des dossiers vont créer une transparence dans le traitement des dossiers et accélérer les procédures douanières.

- *Les atouts de la procédure douanière électronique*

Par rapport à la procédure traditionnelle, la procédure douanière électronique présente plusieurs avantages non seulement pour les entreprises mais aussi pour le secteur douanier et aussi pour toute la société[260].

De la part des entreprises, la procédure douanière électronique accorde aux entreprises une flexibilité de temps. Pour effectuer la procédure traditionnelle, un déclarant en douane doit se présenter à la douane concernée dans ses horaires d'ouverture. Inversement, avec la procédure électronique, il peut l'effectuer à l'endroit et aux horaires qui lui conviennent. Les résultats du traitement de la demande lui sont directement communiqués par internet, ce qui lui permettra d'être plus actif et autonome dans le déploiement de ses affaires. De plus, grâce à cette nouvelle méthode, les entreprises en général peuvent éviter certaines dépenses liées à la procédure, y compris les déplacements, l'achat du formulaire de déclaration (qui peut désormais être imprimé depuis la plateforme), les dépenses concernant la préparation du dossier douanier dont le nombre de documents à fournir en papier a beaucoup diminué par rapport à avant[261].

De la part des autorités douanières, l'application de la procédure douanière électronique augmente l'efficacité du travail des agents douaniers. Or, l'efficacité des agents douaniers joue un rôle important pour assurer le mouvement des marchandises dans le contexte où le flux des marchandises entrant et sortant du territoire devient

---

260 Une étude menée en Suisse en 2011 a également indiqué le potentiel de la procédure douanière électronique. Voir : M. GRANQVIST & J. HINTSA, « Thème du mois : Le potentiel de la douane électronique en Suisse : le point de vue de l'économie », *Revue de politique économique*, 2011, n°. 3, p. 19.

261 Pour les marchandises qui sont exonérées de l'examen, les entreprises ne doivent pas soumettre à la douane le dossier en papier.

de plus en plus important avec l'intégration progressive du Vietnam à l'économie mondiale. De plus, la mise en œuvre de cette procédure contribue à la diminution de la corruption dans le secteur douanier[262]. En effet, comme toutes les procédures se passent en ligne et que toutes les informations concernant le dossier, le temps de traitement, l'agent chargé du traitement … sont enregistrées, la transparence des procédures est assurée.

- *Les résultats de la mise en œuvre du système électronique VNACCS/VCIS*

Selon le Bureau de statistiques du Département général des douanes, depuis sa mise en œuvre, plus de 66.000 entreprises utilisent le système VNACCS/VCIS. La totalité des dossiers traités à travers ce système est de 11,4 millions, et la valeur des importations et d'exportation est d'environ 451,7 milliards de dollars américains. Jusqu'à maintenant, 34/34 départements provinciaux et 100% des sous-départements des douanes l'ont mis en marche[263].

Au sujet de la stabilité du système, les départements provinciaux ont confirmé une qualité améliorée au fur et à mesure du système. Dans le cadre du département douanier de Hanoi, par exemple, le taux de réussite pour les déclarations électroniques en douane sur le système VNACCS/VCIS est arrivé à 99%[264].

Eu égard de l'efficacité des procédures douanières, grâce au système VNACCS/VCIS, la durée de dédouanement pour les marchandises du circuit vert est seulement de 1 à 3 secondes. La durée moyenne de dédouanement des marchandises aux ports maritimes a diminué de 21 jours à 14 jours pour les marchandises exportées, et à 13 jours pour les marchandises importées, ce qui contribue à

---

[262] Sur cette question, voir surtout : D. M. PHAM, *op. cit.*, pp. 23-25.

[263] Douanes du Vietnam, « La Douane vietnamienne a mise en œuvre avec succès le système VNACCS/VCIS », Hanoï, le 30 octobre 2015, disponible sur : http://www.customs.gov.vn/lists/tinhoatdong/viewdetails.aspx?id=19975&category=gi%E1%BB%9Bi+thi%E1%BB%87u+h%E1%BB%87+th%E1%BB%91ng+vnaccs%2Fvcis (url consultée le 17 juillet 2016).

[264] http://www.hanoicustoms.gov.vn/Lists/Haiquandientu/ViewDetails.aspx?ID=57&Category=VNAC CS/VCIS (url consultée le 17 juillet 2016).

une diminution de 10-20% des dépenses et de 30% du temps liés aux procédures douanières[265].

ii. Le guichet unique national

Le guichet unique national a été mis en expérimentation depuis 2011 sur la base du Projet global de la mise en œuvre du guichet unique national, orienté vers le guichet unique de l'ASEAN pour la période de 2008-2012[266] et de la décision n°. 48/2011/QĐ-TTg du 31 août 2011 du Premier ministre sur la mise en expérimentation du guichet unique national. Il s'agit d'un système d'intégration permettant : i) aux personnes participant aux activités d'import-export de soumettre l'information et les documents standardisés à un guichet unique de réception ; ii) aux organes étatiques compétents de traiter de données, de rendre des décisions en se basant sur un système de processus et de procédures unifiées et synchronisées, et de les envoyer à un système unique conçu et autorisé à fournir et échanger les informations entre ces organes ; et iii) aux autorités douanières de rendre décision définitive sur le dédouanement et la mainlevée des marchandises à l'importation ou à l'exportation ou en transit ou sur les moyens de transports entrant, sortant ou en transit sur la base des décisions précédemment rendues par les organes étatiques concernés[267].

La mise en expérimentation du guichet unique national a été divisée en trois étapes.

Durant la première étape, ce système a permis de relier les trois Ministères (celui de la finance, celui de l'industrie et du commerce, et celui des transports et de la communication). Les procédures douanières ont été effectuées sur la base du système VNACCS/VCIS et d'un portail de paiement électronique appliqué aux paiements de droits de douane, de redevances et impositions relatives aux formalités douanières. Le 12 novembre 2014, le Minis-

---

[265] *Ibid.*

[266] Voir la décision n°. 2599/QG-BCDASW du Comité national directeur sur le guichet unique de l'ASEAN du 21 octobre 2009 promulguant le Projet global de mise en œuvre du guichet unique national, vers le guichet unique de l'ASEAN.

[267] Article 1 de la décision n°. 48/2011/QĐ-TTg et article 4.3 de la loi sur les douanes de 2014.

tère des transports et de la communication a coordonné avec le Département général des douanes en vue d'autoriser à effectuer trois procédures administratives à travers le guichet unique national pour les navires entrant, sortant et en transit au port maritime international de Haiphong[268]. À partir du 6 mai 2015, les procédures ont été ensuite appliquées dans les quatre autres ports maritimes internationaux du Vietnam (y compris celui de Quang Ninh, de Da Nang, de Ba Ria – Vung Tau et de Hochiminh ville)[269]. Ensuite, depuis le 25 mai 2015, les procédures administratives de ce ministère incorporées dans le guichet unique national s'élargissent pour couvrir également celles relatives à l'enregistrement des moyens de transport[270]. En ce qui concerne le Ministère de l'industrie et du commerce, à compter du 25 décembre 2014, ce ministère a permis de mettre en œuvre trois procédures administratives à travers le guichet unique national, y compris : i) procédures de distribution des certificats d'origine pour les marchandises exportées vers les pays de l'ASEAN conformément de l'Accord de l'ASEAN sur le commerce des marchandises ; ii) procédures relatives à l'octroi des licences d'importation des motos à grande volume ; et iii) procédures d'octroi de licences d'importation des substances qui appauvrissement la couche d'ozone[271].

Pour la deuxième étape, le guichet unique national a été relié avec certaines procédures administratives gérées par les Ministères

---

[268] Ministère des finances, « Déploiement des mesures d'établir et de mettre en œuvre le guichet unique national, vers le guichet unique de l'ASEAN », Hanoï, le 09 septembre 2015, disponible sur : http://www.mof.gov.vn/webcenter/portal/tttc/r/o/nctd/nctd_chi-tiet?dDocName=BTC073736&_afrLoop=349567174695401919#!%40%40%3F_afrLoop%3D34956717469540191%26dDocName%3DBTC073736%26_adf.ctrl-state%3Dsb52upos6_4 (url consultée le 20 juillet 2016).

[269] *Ibid.*

[270] Douanes du Vietnam, « Mise en place des services publics au niveau 4 dans le secteur d'enregistrement », Hanoï, le 28 mai 2015, disponible sur : http://www.customs.gov.vn/Lists/TinHoatDong/ViewDetails.aspx?ID=22457&Category=Một cửa (url consultée le 26 juillet 2016).

[271] Ministère des finances, « Déploiement des mesures d'établir et de mettre en œuvre le guichet unique national, vers le guichet unique de l'ASEAN », *op. cit.*

de l'agriculture et du développement rural, des ressources et de l'environnement, et de la santé. Cette connexion a été effectuée le 4 juin 2015[272].

Pour la dernière étape, le guichet unique national devrait couvrir les procédures administratives de trois Ministères de la science et de la technologie, de l'information et de la télécommunication, et de la culture, du sport et du tourisme. Cette incorporation devrait être achevée vers la fin de 2015. Toutefois, elle est encore en cours d'être mise en place par les trois ministères[273].

À travers le guichet unique national, le Département général des douanes du Vietnam vise des objectifs ambitieux, y compris la diminution de la durée d'effectuer des formalités douanières de 15% à 30% vers la fin de 2016 et de 45% vers la fin de 2017 ; et 100% des procédures administratives au niveau 3 et 70% des procédures administratives au niveau qui seront effectuées au guichet unique national[274]. Pour aboutir à ces objectifs, depuis le 8 septembre 2015, le Vietnam a décidé de se connecter avec le guichet unique de l'ASEAN et a officiellement lancé la mise en œuvre du guichet unique national. Dès lors, le Vietnam devient le 4e pays qui participe au guichet unique de l'ASEAN après l'Indonésie, la Thaïlande et la Malaisie[275]. Le 26 février 2016, une plateforme de guichet unique

[272] Douanes du Vietnam, « Les Ministères de la santé, des ressources et de l'environnement, et de l'agriculture et du développement rural relient le guichet unique national), Hanoï, le 04 juin 2015, disponible sur : http://www.customs.gov.vn/Lists/TinHoatDong/ViewDetails.aspx?ID=22492&Category=Một cửa (url consultée le 20 juillet 2016).

[273] Ministère des finances, « Déploiement des mesures d'établir et de mettre en œuvre le guichet unique national, vers le guichet unique de l'ASEAN », *op. cit.*

[274] Le portail d'information sur le guichet unique national, « Raccourcissement de 30% de la durée d'effectuer les procédures sur le guichet unique national », Hanoï, le 12 avril 2016, disponible sur : https://vnsw.gov.vn/ (url consultée le 20 juillet 2016).

[275] Sur le guichet unique de l'ASEAN, voir : Protocol on the Legal Framework to Implement the ASEAN Single Window of 2015, Agreement to Establish and Implement the ASEAN Single Window of 2005 ; ASEAN Secretariat, « Building the ASEAN Community : Lowering the Costs of Trade through Faster Customs Clearance », disponible sur : http://www.asean.org/storage/images/2015/October/outreach-document/Edited%20ASEAN%20Single%20Window-2.pdf (urls consultées le 25 juillet 2016) ; S. HEMALI & S. AASHISH, « Authentication and Recognition Issues in Cross-Border Single Window », *Journal of World Trade,* 2013,

national a été mise en marche et en connexion avec les ministères concernés.

Jusqu'en mai 2016, plus de 55.000 dossiers douaniers ont été traités à travers le guichet unique national. Ce premier résultat affirme la bonne voie du gouvernement vietnamien dans la simplification et la modernisation des procédures douanières. Toutefois, certaines difficultés rencontrées, surtout en matière de technologie, de capacité et de compétence des agents impliqués dans le fonctionnement du guichet unique national, ont empêché une utilisation plus large par les entreprises vietnamiennes[276]. Dès lors, il sera important que le Vietnam reçoive une assistance technique en la matière pour bien assurer le fonctionnement de cette plateforme.

3.1.1.3. Renforcement de la coopération douanière

Dans le commerce international, les marchandises ne passent pas seulement à une douane unique, mais souvent au moins deux douanes des pays différents. Ainsi, la coopération douanière joue un rôle important afin d'améliorer les flux commerciaux et l'application des lois et réglementations en la matière[277]. Ce faisant, l'article 12 de l'AFE vise à renforcer la coopération douanière entre les pays membres de l'OMC, à travers les échanges des renseignements entre les Membres : « Les Membres sont encouragés à échanger des renseignements sur les meilleures pratiques en matière de gestion du respect des exigences en matière douanière, y compris par l'intermédiaire du Comité. Les Membres sont encouragés à coopérer en ce qui concerne les orientations techniques ou l'assistance et le soutien pour le renforcement des capacités aux fins de l'administration

vol. 47, n°. 6, pp. 1225-1258 ; C. KAH-WEI, « Legal and Regulatory Aspects of International Single Window Implementation : The ASEAN Experience », *Global Trade and Customs Journal,* 2009, vol. 4, n°. 6, pp. 185-194.

276 Ministère des finances, « Déploiement des mesures d'établir et de mettre en œuvre le guichet unique national, vers le guichet unique de l'ASEAN », *op. cit.*

277 H. GHERARI, « L'accord de l'OMC sur la facilitation des échanges », *Journal du droit international (Clunet),* 2015, n°. 3, pp. 851-852 ; H. WANG, « The Agreement on Trade Facilitation and Its Implications : An Interpretative Perspective », *Asian Journal of WTO Law & International Health Law and Policy,* 2014, vol. 9, n°. 2, pp. 458-459 ; B. HOEKMAN, « Multilateral Cooperation in a World of Preferential Trade Agreements », *Brown Journal of World Affairs,* 2015, vol. 21, n°. 2, p. 136.

des mesures visant à assurer le respect des exigences et pour le renforcement de l'efficacité de ces mesures »[278].

Depuis longtemps, la coopération douanière est toujours un objectif dans le perfectionnement de la qualité des procédures douanières du Vietnam. Ainsi, des programmes de coopération ont été mis en place entre le Vietnam et les autres pays, surtout dans le cadre de l'alliance douanière de l'ASEAN.

Dans ce cadre, plusieurs mesures ont été prises en compte et déployées pour renforcer la coopération douanière au sein de l'ASEAN. Un code de conduite a été signé par les directeurs des Départements généraux des douanes de l'ASEAN en 1983, selon lequel les pays membres s'engagent à faciliter les activités d'importation-exportation en harmonisant les procédures administratives et à renforcer la coopération douanière. Ces engagements sont approfondis par l'Accord sur les douanes signé en 1997 lors de la première conférence des Ministres des Finances des pays membres[279].

Au niveau politique, la Conférence des directeurs des départements généraux des douanes de l'ASEAN est organisée annuellement dans l'un des pays de l'ASEAN. Il s'agit d'une occasion pour que ces directeurs discutent et définissent les politiques générales ainsi que les programmes de coopération douanière entre les pays membres. La conférence se charge aussi de rapporter ces activités aux autorités supérieures comme la Conférence des ministres de la finance parce que la coopération douanière est aussi un sujet de coopération encouragée et impliquée par cette dernière[280].

Au niveau du traitement direct des thèmes de coopération douanière, il y avait un Comité d'experts, dite ECCM (*Experts Committee on Customs Matters*), qui se charge de toutes les problématiques concernant les activités douanières. Depuis juin 2006, lors de la quinzième Conférence des directeurs des départements généraux des douanes de l'ASEAN, l'ECCM a été restructurée et est devenue le

---

278 Article 12.1.2 de l'AFE.

279 ASEAN, « Background on Customs Cooperation in ASEAN », October 9th 2012, disponible sur : http://asean.org/?static_post=background-on-customs-cooperation-in-asean (url consultée le 25 juillet 2016).

280 *Ibid.* ; voir également : M. I. PELLAN & M.-H. WONG, « Trade Facilitation in ASEAN and ASEAN+1 FTAs : An Analysis of Provisions and Progress », *Journal of World Trade,* 2013, vol. 47, n°. 2, pp. 243-280.

Conseil de la coopération douanière de l'ASEAN (*Customs Cooperation Council*, CCC). L'objectif principal de la création du CCC est d'améliorer la coopération douanière dans l'ASEAN afin de faciliter les échanges et les investissements. Le CCC a aussi pour mission de renforcer la coopération internationale entre l'ASEAN et ses partenaires[281].

Au niveau de la formation, un centre d'entrainement des coordinateurs douaniers a été fondé (*Asean Coordinators of Customs Training Centre*, ACCTC). L'ACCTC est représenté par le directeur des centres d'entrainement ou le directeur des ressources humaines dans l'administration des douanes de chaque pays membre. Les activités de ce centre visent également à améliorer la coopération entre les pays membres de l'ASEAN grâce à l'organisation des formations, à la fourniture d'assistance technique aux pays membres et au rôle de coordination confié au tour à chaque Membre dans la mise en place de ces activités.

En bref, la coopération douanière du Vietnam se développe bien dans le cadre de l'ASEAN. Malgré le fait que la coopération douanière existe également dans le cadre de l'Organisation mondiale de la douane, de l'APEC ou de l'ASEM, cette coopération ne produit pas encore des résultats souhaités pour la facilitation des échanges au Vietnam.

3.1.2. Limites et raisons d'être

3.1.2.1. Des résultats encore restreints

i. Les résultats de la facilitation des échanges selon le rapport « Doing Business *» de la Banque mondiale*

Malgré la mise en œuvre des mesures et l'amélioration des procédures douanières durant ces derniers temps, le Vietnam est encore loin de la performance des pays développés. Tel que noté plus haut, le classement effectué par la Banque mondiale dans le rapport « *Doing Business* » en 2016, en ce qui concernant la facilité du commerce transfrontalier, place le Vietnam au 99è rang sur 189 pays recensés. Les données statistiques portent tout d'abord sur les délais et les coûts à l'importation et à l'exportation. L'étude distingue les procédures relatives à la documentation (y compris les délais et

281 *Ibid.*

coûts associés à la compilation des documents exigés par toutes les agences gouvernementales de l'économie d'origine, de l'économie destinataire et de toutes les économies de transit) et les procédures de commerce transfrontalier (y compris le délai et le coût associés au respect des réglementations douanières et autres réglementations imposant de procéder à des contrôles pour qu'une cargaison puisse passer les frontières de l'économie, ainsi que les délais et les coûts de manutention au port ou à la frontière) (*voir le tableau 3.1*).

Tableau 3.1 : Les indicateurs de la facilité du commerce transfrontalier du Vietnam

Indicateur	Vietnam	Asie de l'Est et Pacifique	OCDE
Délai à l'exportation: Respect des procédures de commerce transfrontalier (en heure)	57	51	15
Coût à l'exportation: Respect des procédures de commerce transfrontalier (USD)	309	396	160
Délai à l'exportation: Respect des exigences en matière de documentation (en heure)	83	75	5
Coût à l'exportation: Respect des exigences en matière de documentation (USD)	139	167	36
Délai à l'importation: Respect des procédures de commerce transfrontalier (en heure)	64	59	9
Coût à l'importation: Respect des procédures de commerce transfrontalier (USD)	268	421	23
Délai à l'importation: Respect des exigences en matière de documentation (en heure)	106	70	4
Coût à l'importation: Respect des exigences en matière de documentation (USD)	183	148	25

Source : Banque mondiale, Doing business 2016 : Mesure de la qualité et de l'efficience du cadre réglementaire, le 27 octobre 2015, disponible sur : http://www.francais.doingbusiness.org/reports/global-reports/doing-business-2016 (url consultée le 15 juillet 2016).

En observant le tableau 3.1, il apparait que les coûts et délais liés aux activités transfrontalières du Vietnam n'est pas loin du niveau moyen de l'Asie de l'Est et du Pacifique, mais encore très loin de la performance moyenne des pays de l'OCDE. Dans les pays de l'OCDE, non seulement les délais de procédures d'importation et d'exportation sont plus courts mais les coûts sont aussi beaucoup moins élevés que ceux du Vietnam. Par conséquent, il reste plusieurs choses à améliorer pour parvenir au niveau des pays les plus performants.

ii. Les résultats de la facilitation des échanges du Vietnam selon l'indice de performance logistique

L'indice de performance logistique (*Logistics Performance Index*, LPI) est un indice développé par la Banque mondiale pour mesurer la performance logistique en termes de la facilitation des échanges[282]. La situation du Vietnam selon le rapport de 2016 présente des éléments négatifs de la facilitation des échanges au Vietnam (*voir le tableau 3.2*).

Tableau 3.2: L'indice de la performance logistique du Vietnam depuis 2007

Year	2007	2010	2012	2014	2016
LPI Rank	53	53	53	48	64
LPI Score	2.89	2.96	3	3.15	2.98
Customs	2.89	2.68	2.65	2.81	2.75
Infrastructure	2.5	2.56	2.68	3.11	2.7
International shipments	3	3.04	3.14	3.22	3.12
Logistics competence	2.8	2.89	2.68	3.09	2.88
Tracking & tracing	2.9	3.1	3.16	3.19	2.84
Timelesse	3.22	3.44	3.64	3.49	3.5

Source : World Bank, Logistics Performance Indice : Vietnam, disponible sur : http://lpi.worldbank.org/international/scorecard/radar/254/C/VNM/2016/C/VNM/2014/C/VNM/2012/C/VNM/2010/C/VNM/2007#chartarea (url consultée le 20 octobre 2016).

Il ressort de ce tableau que le Vietnam a obtenu des progrès en matière de performance logistique. Toutefois, le résultat de 2016 fait connaître une mauvaise situation lorsque la performance logistique du Vietnam décline par rapport notamment à celle de 2014 (le

282 Pour plus d'information sur cet indice, voir le site web de la banque mondiale dédié à celui-ci à l'adresse :

classement du Vietnam en 2014 était au 48e rang avec la note générale de 3,15, mais à 2016 au 64e rang avec le score général de 2,98, soit un recul de 18 points quant au rang et de 0,17 point quant au score général). Ce recul est exprimé à travers tous les critères utilisés (voir également l'annexe 3 sur la comparaison des indices domestiques de la performance logistique du Vietnam avec celle de la région et du groupe de revenu).

De plus, la performance logistique du Vietnam est encore loin d'atteindre le niveau de celle réalisée par des pays de l'ASEAN-4 (y compris Singapour, la Malaisie, la Thaïlande et l'Indonésie) (*voir le tableau 3.3*). Ceci tend à montrer que la réforme récemment menée par le gouvernement vietnamien ne suffit pas encore à améliorer la situation de la performance logistique du pays, d'une part, et de la facilitation de ses échanges, d'autre part.

Tableau 3.3 : La performance logistique des pays membres de l'ASEAN en 2016

Country	LPI Rank	LPI Score	Customs	Infrastructure	International shipments	Logistics competence	Tracking & tracing	Timeliness
Singapore	5	4.14	4.18	4.2	3.96	4.09	4.05	4.4
Malaysia	32	3.43	3.17	3.45	3.48	3.34	3.46	3.65
Thailand	45	3.26	3.11	3.12	3.37	3.14	3.2	3.56
Indonesia	63	2.98	2.69	2.65	2.9	3	3.19	3.46
Vietnam	64	2.98	2.75	2.7	3.12	2.88	2.84	3.5
Philippines	71	2.86	2.61	2.55	3.01	2.7	2.86	3.35
Cambodia	73	2.8	2.62	2.36	3.11	2.6	2.7	3.3
Myanmar	113	2.46	2.43	2.33	2.23	2.36	2.57	2.85
Lao PDR	152	2.07	1.85	1.76	2.18	2.1	1.76	2.68

Source : World Bank, Logistics Performance Index 2016, disponible sur : http://lpi.worldbank.org/international/scorecard/radar/254/C/VNM/2016/C/THA/2016/C/SGP/2016/C/PHL/2016/C/MYS/2016/C/IDN/2016/C/MMR/2016/C/KHM/2016/C/LAO/2016 (url consultée le 20/10/2016).

3.1.2.2. Des problèmes existants

En dehors des limites émanant des indices ci-dessus, il existe certaines autres limites relatives à la qualité du système juridique (i), aux lacunes de la technologie (ii), à la qualité de travail des agents douaniers (iii) et à la faible coordination entre les autorités douanières et d'autres organes étatiques chargés du contrôle à la frontière (iv).

i. La qualité du système juridique

La récente réforme du droit vietnamien de la douane est une étape nécessaire pour faciliter les échanges. En pratique, comme les analyses l'ont précédemment indiqué, cette réforme est bien appréciée par les entreprises. Pourtant, on reproche que le système juridique change tellement vite que les entreprises ont du mal à s'adapter. Par exemple, le Ministère des finances a promulgué le 14/2/2014 la circulaire n°. 22/2014/TT-BTC concernant l'application des procédures douanières électroniques, et un an après, suite à l'entrée en vigueur de la loi sur les douanes de 2014, une autre circulaire, n°. 38/2015/TT-BTC, vient la remplacer. Ce changement cause aux entreprises, et parfois même aux agents douaniers, des difficultés dans l'actualisation des règles.

La qualité de rédaction des lois et règlements présente aussi des inconvénients. Ce n'est pas une lacune propre au secteur douanier, mais une situation générale du système juridique vietnamien. Les textes juridiques sont trop longs, quelques dispositions ou termes juridiques ne sont pas bien expliqués, ce qui entraîne des conflits dans l'interprétation et dans l'application des dispositions par l'entreprise et par les agents douaniers[283].

On aurait dû éviter ces problèmes grâce à l'élaboration d'un programme de réforme cohérent, prévoyant des étapes précises, et grâce à la collaboration des différents organes étatiques.

[283] VCCI, USAID & Douanes du Vietnam, *Rapport sur les résultats de l'enquête de satisfaction des entreprises concernant les procédures administratives dans le secteur douanière*, *op. cit.*, p. 48.

ii. Les lacunes concernant la technologie

Actuellement, quand les procédures douanières sont réalisées par voie électronique, la qualité du système VNACCS/VCIS est devenue l'élément essentiel décidant leur qualité. Le système VNACCS/VCIS est mis au service à partir de 2014 et est toujours dans la phase de perfectionnement. Pour ce fait, les entreprises se plaignent qu'elles rencontrent souvent des problèmes techniques en procédant sur le système.

L'enquête réalisée par la VCCI a cité quelques problèmes techniques fréquents du système VNACCS/VCIS : l'erreur dans la notification de la situation du dossier (manque de documents, absence du paiement des taxes et redevances ...), l'impossibilité de choisir la permission d'exportation (erreur S0218-SS1-0000), les erreurs dans la classification des circuits, les taxes sur la valeur ajoutée et les droits de l'importation et de l'exportation qui ne sont pas clairement indiqués, le formulaire de déclaration qui n'est pas bien fait et entraîne facilement des erreurs, le système des signatures électroniques qui est très compliqué ... Par ailleurs, les logiciels du système VNACCS/VCIS sont programmés par une entreprise nommée Thai Son, mais il n'y a pas encore une distinction de la responsabilité entre les autorités douanières et cette entreprise en cas d'erreur. Parfois, face à un problème technique, les autorités douanières ont demandé à Thai Son de le résoudre, mais cette dernière a refusé d'assumer sa responsabilité[284].

Malgré le but principal de réduire de temps des procédures, les erreurs du système de dédouanement automatique font perdre encore plus de temps aux entreprises. Le temps pris pour résoudre les erreurs techniques implique que les marchandises sont maintenues à la douane, causant des pertes de profits. De plus, des erreurs sur la situation des entreprises entraînent des litiges, notamment en matière de taxation[285].

---

284 VCCI, USAID & Douanes du Vietnam, *Rapport sur les résultats de l'enquête de satisfaction des entreprises concernant les procédures administratives dans le secteur douanière, op. cit.*, p. 50.

285 http://www.thesaigontimes.vn/118229/Khoc-voi-he-thong-hai-quan-dien-tu.html (url consultée le 20 juillet 2016).

iii. La qualité du travail des agents douaniers

Les agents douaniers sont les personnes avec qui les entreprises sont directement en contact. Par conséquent, la qualité de leur travail affecte fortement le niveau de satisfaction des entreprises. Une enquête a été récemment réalisée sur la satisfaction des entreprises pour le travail des agents douaniers. L'enquête met en évaluation cinq critères : réalisation des missions ; politesse ; possibilité de considérer les entreprises comme leur partenaire ; rapidité des services ; et le dévouement et l'impartialité. Selon les résultats, plus de la moitié des entreprises participant à l'enquête trouvent que les services fournis par les agents douaniers sont de qualité moyenne. Il y a des entreprises qui apprécient bien la qualité du service mais il reste aussi des entreprises qui le jugent de très mauvais niveau (*voir le graphique 3.1*).

Graphique 3.1: L'appréciation du travail des agents douaniers par les entreprises

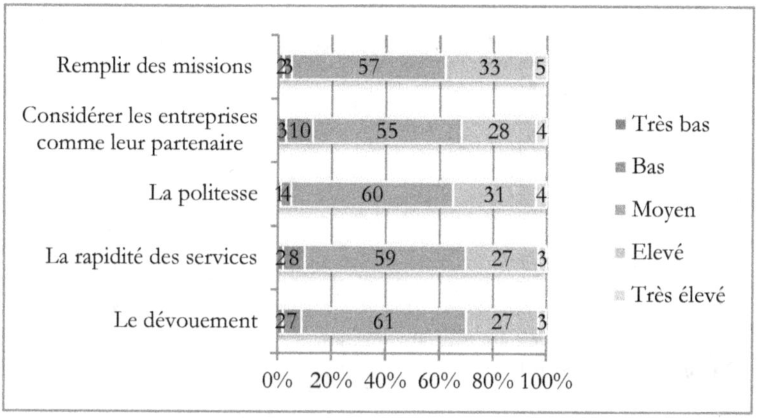

Source : VCCI, USAID & Douanes du Vietnam, Rapport sur la satisfaction des entreprises concernant les procédures administratives douanières, op.cit., p. 31.

L'enquête de la VCCI et de l'USAID traite aussi de la question du niveau de maîtrise par les agents douaniers des connaissances portant sur leur travail. Avec la signature de différentes conventions internationales dans le secteur douanier, les agents douaniers doivent s'actualiser sans cesse sur le changement des lois et règlements. C'est une condition primordiale pour remplir leurs missions. De plus, la maîtrise des connaissances du métier vont décider la rapidité et l'efficacité des services fournis aux entreprises. Une grande partie des entreprises trouve que les connaissances des agents douaniers sur leur métier sont de niveau moyen (entre 38% et 54%). Un petit nombre d'entreprises les jugent de niveau élevé (entre 18% et 32%) et très élevé (entre 21% et 29%). Les agents les mieux appréciés sont ceux chargés des procédures de confirmation des marchandises passant la zone de surveillance (*voir le tableau 3.4*).

Tableau 3.4: Évaluation du niveau de maîtriser par les agents douaniers des connaissances sur leur travail

Appréciation des connaissances des agents douaniers de leur travail selon les différentes procédures.		**Très bas**	**Bas**	**Moyen**	**Elevé**	**Très élevé**
Procédures de dédouanement	Contrôle du dossier	0,3	1,1	38,2	32,1	28,4
	Contrôle des marchandises	0,4	1,8	40,8	28,4	28,7
Procédures de confirmation des marchandises passant la zone de surveillance		0,3	0,9	47,1	22,6	29,0
Procédures de gestion des taxes	Procédure de paiement des taxes	0,2	0,7	46,9	24,6	27,7
	Procédure d'exonération de taxes	0,4	2,8	52,9	21,4	22,6
	Procédure de remboursement de taxes	0,7	3,5	51,6	22,0	22,2
Procédures de contrôle après dédouanement		0,2	0,9	49,7	24,0	25,3
Traitement des violations des règlements		0,2	1,2	53,5	20,9	24,2
Traitement des plaintes		0,8	5,3	54,1	18,8	21,0

Source : VCCI, USAID & Douanes du Vietnam, Rapport sur la satisfaction des entreprises concernant les procédures administratives douanières, op.cit., p. 32.

Ces statistiques ne sont pas très critiquables, mais le niveau de qualité des services est toujours seulement au niveau moyen et des déceptions existent encore. De plus, ces statistiques ne distinguent pas entre les différents départements douaniers, en réalité, il existe un écart entre les différents départements et sous-départements : s'il y a des départements où le service des agents douaniers est satisfaisant, il reste aussi beaucoup de départements où les entreprises sont déçues du travail des agents douaniers. Pour parvenir aux critères de l'AFE, il faut que les services douaniers s'améliorent encore plus et que les réformes s'appliquent dans toutes les agences douanières du pays.

iv. La faible coordination entre les autorités douanières et les autres organes étatiques chargés du contrôle à la frontière

Au Vietnam, le contrôle des marchandises à la frontière incombe également à la compétence d'organes étatiques autres que douanières. Comme l'étude effectuée en 2015 par le Centre de l'OMC – VCCI l'a constatée : *« There are 200 legislations on export/import goods under the autorisation of seven ministries (the Ministry of Industry and Trade ; the Ministry of Health ; the Ministry of Agriculture and Rural Develpment ; the Ministry of Defence ; the Ministry of Information and Communications ; the Ministry of Culture, Sports and Tourism ; and the Ministry of National Resources and Environment) »*[286]. Jusqu'au 30 juin 2016, le nombre des documents juridiques concernant le contrôle effectué par ces organes est compté à 344, y compris 21 lois et décret-lois, 65 décrets gouvernementaux et 258 circulaires et décisions ministériels[287]. Ce nombre élevé de documents juridiques régissant le contrôle à la frontière induit que plusieurs marchandises font l'objet de différents types de contrôle, tels que le contrôle de la qualité des marchandises, le contrôle de la sécurité sanitaire et phytosanitaire, le contrôle en matière de culture, la vérification des conditions d'exportation et d'importation etc…[288] Cette situation a provoqué l'enchevêtrement dans le contrôle à la frontière et prolongé surtout le temps de la mainlevée et du dédouanement des marchandises. En

---

[286] Le Centre de l'OMC - VCCI, *op.cit.*, p. 9.

[287] B. CHAU & H. ANH, « Contrôle spécialisé effectué par les organes étatiques : 344 documents juridiques empêchent les entreprises », *Vietnam Financial Times*, le 17 août 2016, disponible sur : http://thoibaotaichinhvietnam.vn/pages/nhip-song-tai-chinh/2016-08-17/thu-tuc-kiem-tra-chuyen-nganh-344-van-ban-niu-chan-doanh-nghiep-34652.aspx (url consultée le 30 octobre 2016).

[288] *Ibid.*

effet, la durée du contrôle effectué par ces organes accapare 72% de la durée totale pour le dédouanement des marchandises[289].

Face à cette situation, la coordination entre les autorités douanières et les autres organes chargés du contrôle à la frontière joue un rôle primordial. Le Département général des douanes du Vietnam a établi dans les huit points de passage de la frontière les plus importants du Vietnam des lieux permettant aux autorités douanières et aux autres organes à procéder à un contrôle simultané des marchandises. Malgré les résultats positifs obtenus, la mise en place de tel ou tel lieu fait apparaître des limites, à savoir : la petite superficie du lieu du contrôle simultané, le manque des machines à effectuer le contrôle, le manque de ressources humaines et surtout l'absence d'agents des organes compétents pour effectuer un contrôle spécialisé...[290] Autrement dit, la faible coordination entre les autorités douanières et les autres organes chargés du contrôle à la frontière constitue encore une difficulté majeure pour la facilitation des échanges au Vietnam en général et pour la mise en œuvre de l'article 8 de l'AFE en particulier.

3.2. ENJEUX PRATIQUES DE LA MISE EN ŒUVRE DE L'AFE POUR LE VIETNAM

Dans cette section, l'accent sera mis sur les enjeux pratiques de la mise en œuvre de l'AFE pour le Vietnam. En d'autres termes, il est important d'analyser le potentiel dont le Vietnam pourrait bénéficier de cette mise en œuvre (3.2.1) et, ensuite, les obstacles auxquels le Vietnam devrait faire face (3.2.2).

3.2.1. Potentiel de l'AFE pour le Vietnam

En général, la mise en œuvre de l'AFE au Vietnam, comme dans d'autres Membres de l'OMC pourrait répondre aux attentes de l'État (3.2.1.1) et des entreprises vietnamiennes et étrangères (3.2.1.2) en matière de la facilitation des échanges.

---

289 *Ibid.*

290 *Ibid.*

3.2.1.1. Les bénéfices pour le gouvernement vietnamien

Les bénéfices de la mise en œuvre de l'AFE pour le gouvernement vietnamien pourraient être envisagés sous différents points, tels que la réduction du coût de commerce (i), le perfectionnement du système de gestion des flux commerciaux (ii), la croissance de l'économie du point de vue macro-économique (iii) et certains autres avantages (iv).

i. La réduction du coût de commerce

Les coûts du commerce se composent des différentes dépenses liées aux activités de commerce comme les frais de transport, les mesures tarifaires et non tarifaires, les coûts d'information, les redevances et impositions douanières, le coût des délais, etc. Les mesures prévues dans l'AFE se concentrent sur la simplification et la modernisation des procédures douanières, dès lors, elles auraient des impacts directs sur le temps destiné aux procédures d'importation et d'exportation. Une étude de l'OMC sur les impacts de la facilitation des échanges a montré qu'une application complète des dispositions de l'AFE pourra « réduire de plus d'un jour et demi les délais d'importation et de près de deux jours les délais d'exportation (soit, respectivement, une réduction de 47 % et 91 % par rapport à la moyenne actuelle) »[291]. Or, pour les entreprises, le temps c'est de l'argent, le temps perdu à la douane est considéré comme un coût de commerce. Ainsi, si le dédouanement est accéléré, les marchandises seront libérées plus rapidement, les entreprises pourront recevoir plus vite de l'argent et continuer leurs affaires. Ce problème est d'autant plus important si cela concerne les marchandises périssables comme les produits agricoles. En tant qu'un pays où l'agriculture joue un rôle important, une grande quantité des produits exportés du Vietnam sont des produits agricoles. Le temps où ces marchandises doivent rester à la douane est ainsi proportionné au risque de les voir se périmer ainsi qu'à la perte de profits pour les entreprises. De ce fait, la facilitation des échanges permet non seu-

---

[291] OMC, *Rapport sur le Commerce mondial 2015*, p.8, disponible en ligne à l'adresse : https://www.wto.org/french/res_f/booksp_f/world_trade_report15_f.pdf

lement aux entreprises d'accélérer la rotation de leurs investissements mais aussi d'éviter le risque de perte à cause du temps de dédouanement.

Les études quantitatives prouvent que la réduction de la durée de dédouanement va apporter beaucoup d'avantages pour l'économie. L'OCDE a développé un système d'indicateurs[292] pour mesurer les politiques de facilitation des échanges des différents pays et prévoir les bénéfices qui en résultent. En se basant sur ces indicateurs, une étude datée de 2015 de l'OCDE a estimé qu'une application de la totalité des dispositions de l'AFE pourrait entraîner une réduction moyenne de 16,9% du coût de commerce des pays d'ASEAN. Ce coût varie selon la situation de chaque pays, surtout en fonction de l'efficacité actuelle de leurs activités commerce[293], un taux assez élevé en comparaison aux autres pays dans l'ASEAN (*voir le graphique 3.2*).

---

[292] Concernant ces différents indicateurs: OCDE, OECD Trade Facilitation Indicators – State of Implementation, 6/2014, disponible sur: http://www.oecd.org/tad/facilitation/TFI-state-implementation-june-2014.pdf (url consultée le 20 juillet 2016).

[293] OECD, *OECD Trade Facilitation Indicators: Moving ASEAN Forward*, August 2015, disponible sur : http://www.oecd.org/tad/facilitation/oecd-tfi-asean-july-2015.pdf (url consultée le 20 juillet 2016).

Graphique 3.2 : Prévision sur la réduction du coût du commerce chez les pays de l'ASEAN (en pourcentage)

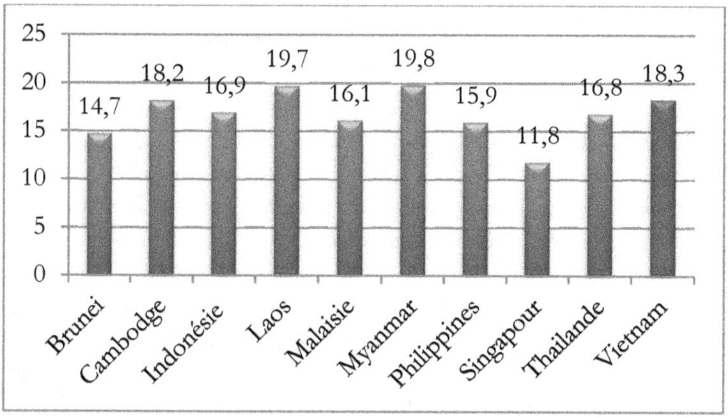

Source : OECD, OECD Trade Facilitations Indicators : Moving ASEAN Forward, August 2015, p. 2, disponible sur : http://www.oecd.org/trade/facilitation/oecd-tfi-asean-july-2015.pdf (url consultée le 20 juillet 2016).

ii. Le perfectionnement du système de gestion des flux commerciaux

L'AFE vise aussi à améliorer les procédures d'importation et d'exportation, et ses dispositions portent plutôt sur les activités de la douane. Par ailleurs, l'AFE a créé un cadre juridique selon lequel les Membres en développement et les Membres les moins avancés peuvent bénéficier des aides et assistances techniques provenant des Membres développés. L'article 21.1 de l'AFE dispose que : « Les Membres donateurs conviennent de faciliter la fourniture d'une assistance et d'un soutien pour le renforcement des capacités aux pays en développement Membres et aux pays les moins avancés Membres, suivant des modalités mutuellement convenues soit sur le plan bilatéral, soit par l'intermédiaire des organisations internationales appropriées. L'objectif est d'aider les pays en développement Membres et les pays les moins avancés Membres à mettre en œuvre les dispositions de la section I du présent accord. »

Comme le Vietnam se trouve parmi les pays en développement de l'OMC, il peut bénéficier des avantages prévus à l'article 21.1. Les pays développés ont un niveau beaucoup plus avancé que les pays en développement dans la facilitation des échanges (*voir la graphique 3.3)*. Ces pays ont développé un système de gestion assez complexe et performant qui leur permet à maintenir la fluidité des marchandises importées et exportées. Ces expériences et progrès techniques sont les résultats de plusieurs d'années d'intégration dans l'économie mondiale. Par conséquent, si les pays en développement comme le Vietnam peuvent bénéficier des conseils ainsi que des assistances techniques des pays développés, ce sera une bonne opportunité pour que nous puissions parvenir au niveau des pays développés dans le moindre de temps. En réalité, depuis l'adoption de l'AFE, des projets d'assistance ont été signés entre le gouvernement vietnamien avec les pays développés ainsi que les organisations intergouvernementales. Par exemple, la Grande Bretagne – par l'intermédiaire de l'Ambassade de la Grande Bretagne à Hanoi a signé avec le Ministère des affaires étrangères du Vietnam un accord selon lequel, elle aiderait le Vietnam dans la mise en œuvre de l'AFE durant la période d'octobre 2014 à mars 2015, avec la somme totale de 45.429 de livres, sous forme d'assistance technique. Les principales activités visées dans cet accord sont d'assister le gouvernement vietnamien dans la réforme du droit vietnamien lié à la facilitation des échanges (en mobilisant la participation des spécialistes internationaux et vietnamiens), d'organiser deux colloques sur la facilitation des échanges, d'organiser un colloque pour faire le point des activités mises en place …[294]

[294] http://baochinhphu.vn/Hoat-dong-Bo-nganh/Anh-ho-tro-Viet-Nam-trien-khai-Hiep-dinh-tao-thuan-loi-thuong-mai/212348.vgp (url consultée le 20 juillet 2016).

Graphique 3.3 : La performance du Vietnam et les pays les plus performants dans le domaine de la facilitation des échanges selon les indicateurs de l'OCDE en 2015

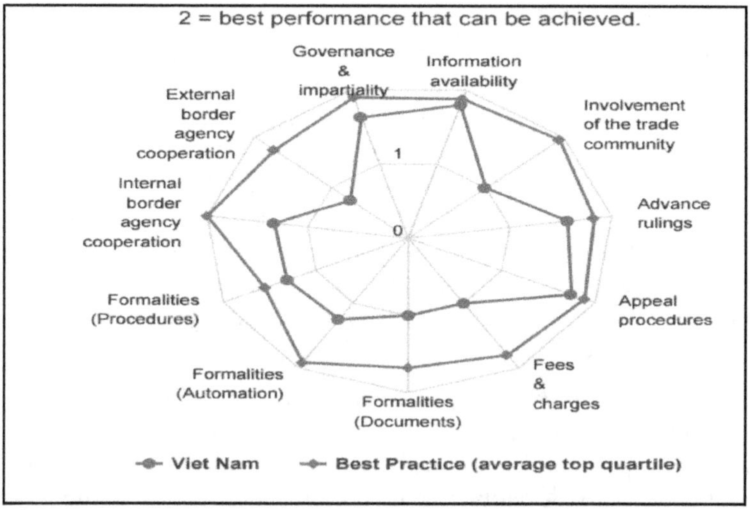

Source : OECD, Trade facilitation : compare your country, disponible sur : http://www2.compareyourcountry.org/trade-facilitation (url consultée le 20 juillet 2016).

Plus récemment, un protocole a été conclu le 12 janvier 2016 entre la Banque mondiale et le Département général des douanes du Vietnam. Conformément à celui-ci, la première s'engage à assister le dernier dans l'application des dispositions de l'AFE à travers des activités comme : la construction d'un site web dédié à la publication des informations concernant le commerce pour satisfaire aux engagements dans les articles 1 et 2 de l'AFE, l'évaluation des capacités des organes étatiques dans l'application des engagements de l'AFE, la fondation d'un comité vietnamien de la facilitation des échanges conformément à la demande dans l'article 23 de l'AFE[295].

[295] http://www.mof.gov.vn/webcenter/portal/ttbt/r/o/tnb/tnb_chitiet?dID=79560&dDocName=MOF150074&_adf.ctrlstate=1b4k7rskzf_4&_afrLoop=31136197514017387#!%40%40%3FdID%3D79560%26afrLoop%3D31136197514017387%26dDocName%3DMOF150074%26_adf.ctrl-state%3Djh8qhllpm_4 (url consultée le 20 juillet 2016).

iii. L'augmentation de la croissance économique du pays

La facilitation des échanges va permettre d'encourager les activités du commerce international. D'une part, la baisse du coût ainsi que la disponibilité des informations concernant les procédures d'importation et d'exportation vont effacer la barrière pour entrer dans le secteur. Désormais, les entreprises n'ont plus besoin de trop de capital pour participer aux activités du commerce international. Cela correspond très bien à la situation du Vietnam où la plupart des entreprises exportatrices sont des PME qui ont des contraintes en ce qui concerne du capital. D'autre part, la qualité améliorée des services publics des douanes assurera la confiance de ces PME sur le gain potentiel de leurs activités. Sur le plan économique général du pays, plus le nombre de PME créées croitra, plus que le commerce se développera ainsi que le PBI du pays.

L'OMC a fait recours au modèle d'équilibre général calculable pour réaliser des prévisions concernant l'impact de l'AFE sur l'économie des pays en développement. Selon cette étude, les exportations des pays en développement pourraient connaître une augmentation de 170 milliards à 730 milliards de dollars américains par an. La même étude prévoit aussi qu'à l'horizon 2015-2030, la mise en œuvre intégrale et rapide de l'AFE entrainerait une augmentation de 0,9% par an de la croissance économique des pays en développement et stimulerait leurs exportations de 3,5 % supplémentaires chaque année[296]. Pour le Vietnam en particulier, selon une autre étude de l'USAID, si la durée de dédouanement du Vietnam est diminuée jusqu'à la durée moyenne de dédouanement des pays de l'ASEAN, le PIB du Vietnam augmentera de 14% par rapport à sa croissance actuelle. L'étude précise que la diminution du temps de dédouanement entrainerait une économie de 1,4 milliards d'USD chaque jour pour l'État et les entreprises du pays[297].

---

[296] OMC, *Rapport sur le commerce mondial 2015*, p. 8, disponible sur : https://www.wto.org/french/res_f/booksp_f/world_trade_report15_f.pdf (url consultée le 10 septembre 2016).

[297] Les données citées par l'USAID dans la conférence « Effectuer la décision n°. 19 du Gouvernement : Simplification des procédures douanières », organisée par la CIEM et l'USAID, le 22 août 2015 à Hochiminh-ville.

iv. Les autres avantages

En dehors des avantages directs que l'on a cités ci-dessus, l'AFE apporterait aux Membres de l'OMC en général et au Vietnam en particulier des avantages indirects.

Premièrement, l'AFE aidera à améliorer la collecte des recettes publiques. Les activités du commerce international sont taxées et ainsi, elles contribuent une partie importante aux recettes publiques. Par conséquent, plus le commerce international se développe, plus le trésor public gagne de l'argent. Les solutions de l'AFE aident à créer un environnement transparent et efficace, ce qui encouragera les entreprises à investir dans les activités d'importation et d'exportation. Ainsi, l'État va percevoir plus de taxes et ses recettes publiques augmenteront.

Deuxièmement, l'AFE ouvre une opportunité pour diminuer la corruption. La corruption peut être comprise comme un abus de pouvoir conféré par la fonction publique à des fins d'enrichissement personnel. La corruption nuit au développement économique et méfie les entrepreneurs. C'est un problème majeur dans les pays en développement où le système juridique n'est pas encore solide et les agents publics en profitent pour leur intérêt. Avec l'AFE, on peut espérer la diminution de la corruption dans le secteur douanier. En effet, le perfectionnement du système juridique concernant les procédures d'importations et d'exportations et l'augmentation de la transparence grâce à la mise en œuvre des outils de gestion électronique vont effacer certains risques de corruption.

Troisièmement, l'AFE contribue à la potentialité d'attirer des investissements directs étrangers. La transparence est l'un des critères importants qui affectent la décision d'investir des investisseurs. Pour eux, la transparence se prouve par la publicité des informations liées aux activités commerciales et la lutte contre la corruption. Ce sont les problèmes que l'AFE essaie en partie de résolue. Une fois que ces critères sont remplis par le pays, les investisseurs pourraient être davantage motivés à investir au Vietnam.

3.2.1.2. Concernant les entreprises

Le potentiel de l'AFE pour les entreprises comprend la possibilité pour l'entrée dans le secteur d'import-export (i) et l'opportunité de présenter les opinions aux organes étatiques (ii).

i. Facilitation pour l'entrée dans le secteur d'import-export

Il y avait une longue période dans le passé, l'activité d'importation et d'exportation est un domaine exclusif des grandes entreprises. Cette situation est plutôt économique que politique : le coût du commerce trop élevé est devenu la barrière à l'entrée du secteur[298]. Le manque d'information, la non-transparence, la durée du dédouanement, la complexité des procédures... sont les facteurs qui augmentent le coût du commerce et démotivent les petites et moyennes entreprises à y participer. Face à cette situation, l'adaptation du droit vietnamien selon les critères de l'AFE vont aider à résoudre le problème.

Tel qu'analysé dans les parties précédentes, l'AFE crée un système de critères qui aident à faciliter l'accès aux informations et à améliorer la qualité des procédures douanières. D'une part, une fois que le coût du commerce diminue, les entrepreneurs n'ont plus besoin de capital énorme pour commencer les activités d'importation et d'exportation. D'autre part, avec l'application de l'internet et l'automatisation des procédures, ils ne sont pas obligés de recruter plusieurs salariés pour effectuer un cycle complet d'importation ou d'exportation. En conséquence, les PME ont plus d'opportunités pour commercer et réussir dans ce domaine[299].

ii. L'opportunité de présenter des observations et l'opinion aux organes étatiques

L'article 2 de l'AFE exige des Membres qu'ils assurent la possibilité aux négociants et aux autres parties intéressées de présenter des observations et renseignements avant l'entrée en vigueur des lois et réglementations d'application générale relatives au mouvement, à la mainlevée et au dédouanement des marchandises. Cette exigence a pour but de mieux adapter les textes législatifs à la réalité des procédures du commerce international. En effet, il n'y a pas de

---

[298] T. M. NGUYEN (dir.), *Perfectionnement du droit commercial et maritime dans le contexte de l'intégration du Vietnam à l'économie internationale*, Hanoï, Ed. de la politique nationale, 2002, pp. 24-25.

[299] Voir également : K. SANGSUVAN, « Small Business in the WTO : Small Fish in a Big Pond or Globalization », *Michigan State International Law Review*, 2015, vol. 23, n°. 2, pp. 389-394.

critères communs à tous les systèmes juridiques; un système juridique peut être parfait dans un pays mais inadapté dans un autre. L'efficacité d'un système juridique doit être appréciée en considérant la situation politique, économique et sociologique de chaque pays. L'appréciation d'un document juridique doit être faite lors de son application et non pas lors de sa rédaction. Et les personnes qui connaissent mieux la situation réelle de la mise en œuvre d'un document juridique, ne sont pas le législateur mais les entreprises exerçant les activités d'importation et d'exportation. C'est la raison pour laquelle, les opinions des négociants et des parties intéressés sont importantes pour le perfectionnement d'un texte juridique.

Une fois que l'article 2 de l'AFE est appliqué, les entreprises vietnamiennes auront une opportunité d'exprimer leurs opinions devant l'État en général et devant les organismes s'occupant des procédures d'importations et d'exportations en particulier. Cela peut être considéré comme une participation indirecte au perfectionnement non seulement du droit positif mais aussi à la réalité du déroulement des procédures. Plus leurs opinions sont écoutées et retenues par les organismes étatiques, plus leurs activités d'importation et d'exportation sont facilité et plus qu'elles gagnent de l'argent.

3.2.2. Obstacles

Le Vietnam pourrait rencontrer des difficultés lors de la mise en œuvre de l'AFE. Ces difficultés comprennent les obstacles pour les organes étatiques (3.2.2.1) et pour les entreprises (3.2.2.2).

3.2.2.1. Obstacles pour les organes étatiques

i. L'incertitude des mesures à mettre en œuvre

En se composant de 24 articles, l'AFE fixe seulement un cadre général, un but, des critères à parvenir pour faciliter des échanges. Il ne définit pas comment parvenir à ces critères. Il s'agit d'une flexibilité que l'accord accorde à chaque pays pour construire leur propre programme de facilitation des échanges. D'une part, cette flexibilité est logique parce que les conditions de réussite ne sont pas uniques mais cela dépend de la circonstance de chaque pays. D'autre part, cette flexibilité cause aussi des difficultés dans l'élaboration de son programme : combien de réformes faut-il mettre en place et de quelle ampleur ? Si l'on ne met en place pas assez de mesures, les objectifs de l'AFE ne peuvent pas être atteints, mais si l'on met en place trop de mesures, cela va causer un gaspillage des ressources, or ce problème ne peut pas être négligé dans les pays en développement comme le Vietnam. De plus, personne n'est sûre de l'efficacité des mesures avant sa mise en œuvre. Toute mesure nécessite une durée suffisante d'application pour prouver son efficacité, et pendant ce temps, des imprévus peuvent arriver et affecter les résultats.

Pour résoudre ce problème et pour éviter des gaspillages, des diagnostics approfondis devraient être réalisés. Cela exige une participation des organes étatiques, des experts, des entreprises mais aussi toutes personnes intéressées par la facilitation des échanges. Un programme précis doit être élaboré avec la participation de toutes les parties prenantes pour éviter l'incohérence entre les mesures prises par différents organes.

Par ailleurs, les organismes internationaux ainsi que les experts dans le domaine ont commencé à publier des documents, des guides et des conseils pour réussir la mise en œuvre de l'AFE, notamment les guides de l'OMC et de l'OMD. Ce sont des sources intéressantes que le gouvernement vietnamien ainsi que les parties prenantes doivent consulter pour mener à bien leur programme. Une autre source à consulter se trouve dans les expériences des autres pays. D'une part, il s'agit des pays développés qui ont commencé la facilitation des échanges bien avant le Vietnam et qui ont réussi leurs programmes. D'autre part, il faut aussi consulter les expériences des pays qui ont le même niveau de développement que le Vietnam et échanger avec ces pays pour trouver les meilleures solutions et pratiques aux problèmes communs et aussi éviter les erreurs qu'ils ont commises.

ii. La corruption

La corruption est un problème qui influence négativement la facilitation des échanges. Le Vietnam est l'un des pays dont la situation de corruption est critiquable : selon l'indice de perception de la corruption de 2015 mis en place par *Tranparency International*, le Vietnam s'est situé au 112è rang sur 168 pays concernant le niveau de corruption dans le secteur public[300].

Même si plusieurs programmes de lutte contre la corruption ont été mis en place dans le secteur douanier, la corruption existe encore. Les enquêtes de 2012 et de 2013 ont montré que 57% et 49% respectivement des entreprises devaient payer des frais en dehors de la loi (*voir le graphique 3.4*). L'enquête de 2015 montre que 28% des entreprises doivent subir des frais qui ne sont pas régis par la loi (*voir la graphique 3.5*) et 31% des entreprises disaient qu'il y avait un traitement différencié en cas de paiement ou non des frais non réglés par la loi. Les traitements différenciés sont : le prolongement du traitement de dossier, l'exigence des documents non demandés par la loi, l'impolitesse, etc.[301]

Ces statistiques montrent que la corruption dans le secteur douanier existe encore et est dans une situation inquiétante. Ce problème induit des dépenses inutiles aux entreprises, démotive les nouveaux investisseurs et nuit à l'environnement commercial du pays. Même si la loi est bien écrite et la technologie bien améliorée, la facilitation des échanges ne peut pas être atteinte s'il reste encore la corruption. Ainsi, la lutte contre la corruption est essentielle pour la réussite de la mise en œuvre de l'AFE.

Graphique 3.4 : La situation du paiement des frais non réglé par la loi

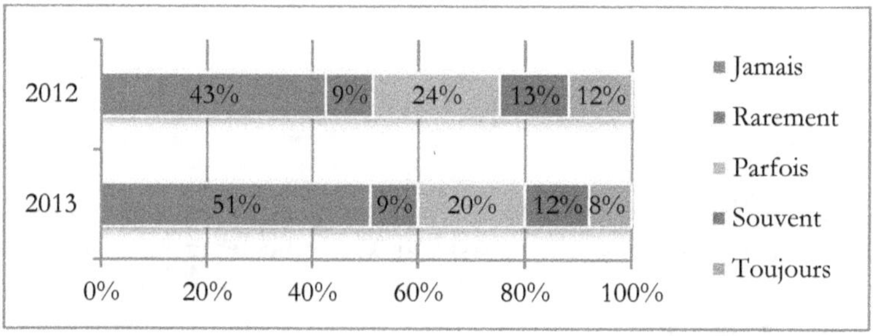

[300] https://www.transparency.org/cpi2015/ (url consultée le 3 octobre 2016).

[301] VCCI, USAID & Douanes du Vietnam, *Rapport sur la satisfaction des entreprises concernant les procédures administratives douanières*, *op.cit.*, p. 36.

Source : VCCI, USAID and Vietnam Customs, Rapport sur la satisfaction des entreprises concernant les procédures administratives douanières, op. cit., p. 35.

Graphique 3.5 : Pourcentage des entreprises qui doivent payer des frais non réglés par la loi (en 2015)

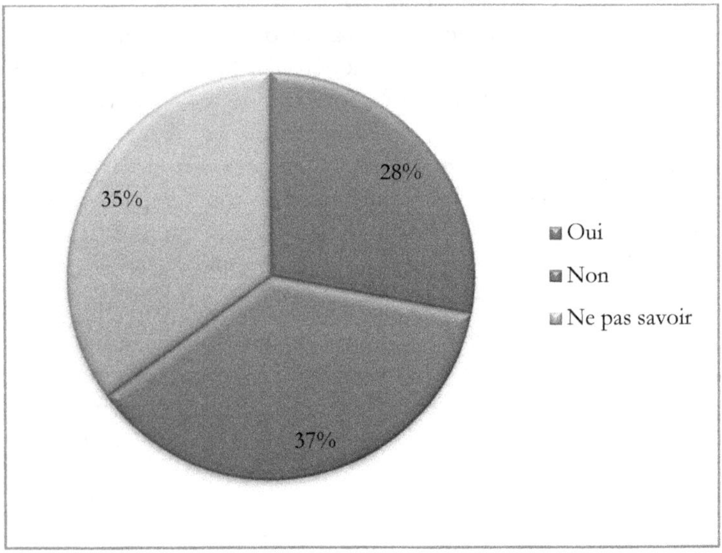

Source : VCCI, USAID and Vietnam Customs, Rapport sur la satisfaction des entreprises concernant les procédures administratives douanières, op. cit., p. 35.

iii. Le risque de diminution de l'emploi à la frontière en raison de l'automatisation des procédures

La santé d'une économie est jugée non seulement par ses indicateurs économiques mais aussi par ses indicateurs socio-économiques, y compris le taux de chômage. Ce problème est d'autant plus important puisqu'un taux de chômage élevé risque entraîner des fléaux sociaux.

Or, si l'AFE aide à diminuer le coût du commerce et contribue à l'augmentation du PIB, il risque d'impacter le nombre d'emplois à la frontière. Ce risque vient des mesures de simplification et de modernisation des procédures douanières : la suppression de quelques étapes, l'application des procédures électroniques, la mise en place du guichet unique … sont des facteurs influençant les emplois dans les domaines concernés. Ainsi, la facilitation des échanges tout en maintenant l'emploi pourrait s'avérer problématique au Vietnam.

3.2.2.2. Obstacles pour les entreprises

En dehors des obstacles auxquels le gouvernement vietnamien doit faire face, les entreprises vietnamiennes rencontreront des effets négatifs lors de l'application des dispositions de l'AFE. Ces difficultés résultent surtout de la qualité des ressources humaines (i) et la qualité des produits et services fournis par les entreprises (ii) qui ne sont pas à la hauteur de besoins réels.

i. La faiblesse des ressources humaines

Il existe un grand écart entre la situation de la facilitation des échanges du Vietnam et les exigences de l'AFE. C'est la raison pour laquelle la mise en œuvre des dispositions de l'AFE ne peut pas se faire tout de suite, mais nécessite une longue période de transition pour adapter la situation du pays, surtout de la part des entreprises vietnamiennes.

D'une part, pour répondre aux exigences de l'AFE, le système juridique du Vietnam devra être modifié. Des lois et réglementations seront amendées ou promulguées, ce qui obligera les entreprises de toujours s'informer sur tous les éventuels changements du système juridique (comme les nouvelles procédures, les nouveaux formulaires à remplir…). Sinon, elles risquent de perdre du temps et de l'argent pour l'application des règlements qui ne seraient plus en vigueur. Or, la maîtrise du système juridique est l'un des points faibles majeur des entreprises vietnamiennes. Pendant une longue période, le droit positif ne reçoit pas assez d'attention de la part des entreprises, un grand nombre d'entre elles ne fonctionnent pas selon la loi mais selon les habitudes et les traditions commerciales établies depuis longtemps[302]. C'est à partir de l'ouverture de l'économie du Vietnam que le droit positif a commencé à affirmer son

[302] Voir surtout : T. M. NGUYEN (dir.), *op.cit.*, pp. 69-76.

rôle dans le monde du commerce, surtout dans les relations commerciales internationales. Actuellement, les entreprises perçoivent déjà le rôle du système juridique, mais elles ne sont pas encore assez actives dans la recherche et la mise à jour des changements des systèmes juridiques. Cela nécessite du temps mais aussi des investissements des entreprises dans la formation des ressources humaines pour que ces derniers aient la capacité de faire des recherches et des mises à jour sur le système juridiques.

D'autre part, le niveau informatique est aussi un obstacle pour les entreprises face à la mise en œuvre de l'AFE. La simplification des procédures douanières signifie aussi l'application des progrès techniques et informatiques. Les entreprises d'importation et d'exportation ont l'habitude d'appliquer des procédures traditionnelles, l'utilisation de l'informatique et l'automatisation des procédures vont radicalement changer leurs habitudes. De plus, les nouvelles procédures demandent aux personnels de l'entreprise d'avoir une connaissance des outils informatiques en général et des logiciels applicables aux procédures douanières en particulier. L'adaptation aux nouvelles procédures demande donc aux entreprises d'investir davantage dans la formation de leur personnel en ce qui concerne les connaissances informatiques.

ii. Concernant la qualité des produits et services

Avec la facilitation des échanges, les activités commerciales sont améliorées non seulement pour les entreprises vietnamiennes mais aussi pour les entreprises d'autres pays. S'il est plus facile d'exporter, c'est aussi plus facile pour importer au Vietnam. Les produits et services fournis par les entreprises étrangères vont facilement entrer sur notre territoire. Les entreprises vietnamiennes se sont mises devant un grand défi : comment concurrencer avec les produits étrangers ? Ce problème n'est pas nouveau, mais il est d'autant plus important devant la mise en œuvre de l'AFE, puisqu'il s'agit une convention de l'OMC - une convention multilatérale, son champs d'application est ouvert à un grand nombre de pays, qui peut s'élever jusqu'à tous les membres de l'OMC.

Quand les produits et services étrangers entrent dans le pays, les consommateurs auront plus de choix, et ils vont choisir les produits et services qui leur conviennent le plus selon leurs propres critères, dont la qualité et le prix des produits et services fournit. Dans ce cas-là, devant la concurrence des entreprises étrangères, pour survivre, les entreprises vietnamiennes n'ont qu'une solution : se perfectionner. Il faut perfectionner la qualité des produits fabriqués ainsi que les services fournis aux consommateurs. Ce n'est pas du tout facile et nécessite beaucoup d'investissements sur la chaîne de production ainsi que pour la formation des ressources humaines.

CHAPITRE 4
RECOMMANDATIONS

NGUYEN Ngoc Ha[*]

Lors que l'AFE s'est approché de son entrée en vigueur, le 13 octobre 2016, le Premier ministre du Vietnam a rendu une décision portant sur l'approbation du projet de préparation et de mise en œuvre de l'AFE[303]. Dans cette décision, le Premier ministre détermine des mesures à déployer avant et après l'entrée en vigueur de l'AFE. Plus précisément :

Avant son entrée en vigueur, il est indiqué que certaines mesures à mettre en place comprennent :

- Présentation et propagation de la manière la plus large possible du contenu de l'AFE en vue d'assurer sa mise en œuvre uniforme et conforme aux exigences de l'accord ;

- Détermination des dispositions considérées comme relevant des catégories B et C et établissement d'une feuille de route provisoire concernant la mise en œuvre de ces dispositions.

- Réexamen des engagements de la catégorie A pour modifications, si nécessaires ;

- Appel à l'assistance technique en vue de la mise en œuvre de l'AFE fournies par les organisations internationales et les Membres développés de l'OMC ;

---

[*] Docteur, Enseignant du droit international économique à l'École supérieure de commerce extérieur de Hanoï (Vietnam).

[303] Décision n°. 1969/QĐ-TTg du Premier ministre du 13 octobre 2016 portant l'approbation du projet de préparation et de mise en œuvre de l'Accord de la facilitation des échanges de l'Organisation mondiale du commerce.

- Révision de la législation et de la réglementation interne pour corriger les incompatibilités avec les règles de l'OMC[304] ;

Après l'entrée en vigueur de l'AFE, le gouvernement vietnamien détermine les mesures suivantes :

- Promulgation de la feuille de route officielle concernant la mise en œuvre des dispositions considérées comme relevant des catégories B et C ;

- Notification à l'OMC de cette feuille de route ;

- Etablissement d'un projet de transformation des dispositions de la catégorie C à la catégorie B et *vice versa*, si nécessaire ;

- Révision régulière de la mise en œuvre des dispositions de la catégorie B ; déploiement de l'assistance technique et renforcement des capacités de mise en œuvre des dispositions de la catégorie C[305].

Il ressort de cette décision que plusieurs mesures sont envisagées pour assurer le respect par le Vietnam de ses engagements au titre de l'AFE. Toutefois, elles sont encore à caractère non détaillé, dès lors, leur déploiement pourrait être moins efficace. Pour cette raison, dans ce chapitre, nous chercherons à rendre certaines mesures plus détaillées sur la base de recommandations plus précises, accompagnées d'explications et de justifications pertinentes.

Il est notable de constater que les mesures envisagées par le gouvernement vietnamien comprennent trois volets principaux : une feuille de route de mise en œuvre des dispositions des catégories B et C (4.1); une révision du droit interne pour assurer sa compatibilité avec les dispositions de l'AFE (4.2) et certains autres mécanismes (4.3).

4.1. PROPOSITION D'UNE FEUILLE DE ROUTE APPROPRIÉE

4.1.1. Feuille de route proposée

Afin d'assurer le respect de l'AFE, le Vietnam devra informer le Comité préparatoire de la facilitation des échanges des engagements dans les trois catégories A, B et C. En se basant sur les analyses des

304 Section 1.3.a de cette décision.
305 Section 1.3.b de cette décision.

deux précédents chapitres, nous proposons la feuille de route suivante (*voir le tableau 4.1*) :

Tableau 4.1 : Feuille de route proposée pour la mise en œuvre par le Vietnam de l'AFE

	Travaux à effectuer	Temps proposés	Dispositions de l'AFE
1.	Notification de nouveau des engagements dans la catégorie A	D'ici à l'entrée en vigueur de l'AFE et même après l'entrée en vigueur	Les articles 1.1 (publication), 3 (décisions anticipées), 4 (procédures de recours ou de réexamen), 5 (autres mesures visant à renforcer l'impartialité, la non-discrimination et la transparence) (sauf 5.3 (procédures d'essai)), 6.3 (disciplines concernant les pénalités), 7.1 (traitement avant l'arrivée), 7.2 (paiement par voie électronique), 7.3 (séparation de la mainlevée de la détermination finale des droits de douane, taxes, redevances et impositions), 7.4 (gestion des risques), 7.5 (contrôle après dédouanement), 10.3 (utilisation des normes internationales), 10.5 (inspection avant expédition), 10.9 (admission temporaire de marchandises et perfectionnement actif et passif) et 11 (liberté de transit).
2.	Classement et mise en œuvre des dispositions de la catégorie B	Dans 5 ans après l'entrée en vigueur de l'AFE	Les articles 1.2 (renseignements disponibles sur Internet), 3.2 (décisions anticipées), 5.3 (procédures d'essai), 7.9 (marchandises périssables), et 10.8 (marchandises refusées).
3.	Classement et mise en œuvre des dispositions de la catégorie C	De 7 à 10 ans après l'entrée en vigueur de l'AFE	Les articles 7.6 (établissement et publication des temps moyens nécessaires à la mainlevée), 7.7 (mesures de facilitation des échanges pour les opérateurs agréés), 8 (coopération entre les organismes présents aux frontières), 10.4 (guichet unique) et 12 (coopération douanière) de l'AFE

4.1.2. Justifications

Les justifications concernent surtout la proposition d'ajouter des engagements de la catégorie A dans la liste notifiée au Comité préparatoire de la facilitation des échanges et le classement d'autres dispositions de l'AFE dans les catégories B et C.

4.1.2.1. Ajout de nouveaux dispositions dans les engagements de la catégorie A

Les analyses contenues dans le premier chapitre ont indiqué que le droit interne du Vietnam comporte déjà des règles compatibles avec la plupart des dispositions de l'AFE. Toutefois, les engagements de la catégorie A notifiés au Comité préparatoire de la facilitation des échanges restent encore très limités. Dès lors, il est important pour le Vietnam d'envisager une nouvelle notification pour ajouter un certain nombre des dispositions de l'AFE à cette liste.

Rappelons que la modification des engagements de la catégorie A a été effectuée pour la première fois par la Thaïlande. Elle a notifié au Comité préparatoire de la facilitation des échanges pour la première fois ses engagements de la catégorie A qui comprenaient toutes les dispositions de la section I, à l'exception des 16 dispositions (y compris les articles 3.5, 3.6, 4.4, 5.1, 5.3, 6.3.4, 6.3.7, 7.1.1, 10.8, 10.9, 11.1, 11.8, 11.9, 12.2, 12.5.1.c-d et 12.6.1)[306]. Toutefois, pour la deuxième notification datée du 19 septembre 2016, la liste des exceptions est raccourcie avec des modifications remarquables[307] (voir le tableau 1.3 ci-dessus). En d'autres termes, cette deuxième notification permet à ce Membre d'élargir ses engagements de la catégorie A en faveur d'une facilitation accrue des échanges entre la Thaïlande et le reste du monde.

L'AFE ne contient aucune disposition au regard de ce sujet. Inversement, rien dans l'AFE n'interdit que les Membres de l'OMC

---

306 OMC – Comité préparatoire de la facilitation des échanges, *Notification des engagements de la catégorie A au titre de l'Accord sur la facilitation des échanges – Communication présentée par la Thaïlande*, le 25 juillet 2014, WT/PCTF/N/THA/1, p. 1.

307 OMC – Comité préparatoire de la facilitation des échanges, *Notification des engagements de la catégorie A au titre de l'Accord sur la facilitation des échanges – Communication présentée par la Thaïlande – Addendum*, le 19 septembre 2016, WT/PCTF/N/THA/1/Add.1, p. 1.

puissent modifier leurs engagements de la catégorie A et en informer le Comité préparatoire de la facilitation des échanges avant l'entrée en vigueur de l'accord. De plus, toute modification en faveur d'un élargissement des engagements de la catégorie A d'un Membre devrait être encouragée, puisque cela permet à ce Membre d'avoir un niveau d'engagements plus élevé, ce qui favorisera la mise en œuvre de cet accord.

Jusqu'à maintenant, seule la Thaïlande a ajouté les nouveaux engagements dans sa liste de la catégorie A. Le Vietnam devrait suivre cette pratique parce qu'un tel élargissement provoquerait des changements nécessaires au Vietnam et correspondra particulièrement aux efforts récemment déployés dans la réforme des procédures administratives en vue d'améliorer la compétitivité de son économie dans l'ensemble[308]. Tout en tenant compte de la compatibilité du droit vietnamien en la matière avec une grande majorité des dispositions de l'AFE et la pratique de la facilitation des échanges au Vietnam, nous proposons donc d'ajouter les dispositions des articles 1.1, 3, 4, 5 (sauf 5.3), 6.3, 7.1, 7.2, 7.3, 7.4, 7.5, 10.3, 10.5, 10.9, 11 dans les engagements de la catégorie A du Vietnam.

4.1.2.2. Pour les engagements dans les catégories B et C

Pour le reste, le gouvernement vietnamien devra les classer dans deux catégories B et C.

Pour les engagements dans la catégorie B, nous proposons donc de classer les articles 1.2, 3.2, 5.3, 7.9 et 10.8 dans la catégorie B. Cette proposition procède des raisons suivantes :

Premièrement, il s'agit des dispositions de l'AFE pour lesquelles le Vietnam n'a pas besoin d'assistance technique. Pour assurer leur

---

[308] Voir surtout : Résolution n°. 19/NQ-CP du gouvernement du 18 mars 2014 sur les missions et les solutions essentielles visant à améliorer l'environnement des affaires et à rehausser la compétitivité nationale ; Résolution n°. 19/NQ-CP du gouvernement du 12 mars 2015 sur les missions et solutions essentielles visant à continuer l'amélioration de l'environnement des affaires et le rehaussement de la compétitivité nationale durant deux ans de 2015 et 2016 ; et la Résolution n°. 19/NQ-CP du gouvernement du 28 avril 2016 sur les missions et les solutions essentielles visant à améliorer l'environnement des affaires et à rehausser la compétitivité nationale pour les deux années de 2015 et 2016, orientations vers 2020.

mise en œuvre, il serait facile que le Vietnam procède à un réexamen du cadre juridique actuel. La durée pour mettre le droit positif du Vietnam en conformité avec l'AFE est d'environ cinq ans. Cette durée est équivalente à celle nécessaire[309] pour promulguer une loi au Vietnam[310].

Deuxièmement, en ce qui concerne l'article 1.2, malgré le fait que les documents juridiques du Vietnam sont publiés sur internet, ils sont tous en langue vietnamienne. Certains sites proposent des traductions de ces documents juridiques en anglais[311]. Toutefois, la publication d'une traduction en anglais est toujours tardive.

Pour les engagements dans la catégorie C, il s'agit des dispositions de l'AFE pour lesquelles le Vietnam a besoin d'assistance technique pour leur mise en œuvre. Le Vietnam ne dispose pas d'expertise sur le calcul des temps moyens nécessaires à la mainlevée (article 7.6 de l'AFE) et sur l'évaluation de la sécurité de la chaîne d'approvisionnement (article 7.7.2.a de l'AFE). De plus, la mise en œuvre des articles 8, 10.4 et 12 de l'AFE nécessite une grande assistance d'autres partenaires du Vietnam, surtout en ce qui concerne les questions techniques et la technologie pour assurer la coordination des organes présents à la frontière, le déploiement du guichet unique et la coordination douanière.

4.2. PROPOSITION DES AMENDEMENTS AU DROIT VIETNAMIEN RELATIF A LA FACILITATION DES ÉCHANGES

Pour répondre aux exigences de l'AFE par le Vietnam, il est important de modifier certaines règles existantes et de promulguer de nouvelles règles (4.2.2). Cette possibilité résulte, d'une part, de

---

309 Voir : K. L. HOANG, *Processus en vigueur de promulgation d'une loi au Vietnam,* Résumé du mémoire, Faculté de droit, Université nationale de Hanoï, 2012, pp. 13-14.

310 Il faut noter que la durée de promulgation d'autres documents juridiques (tels que les décrets gouvernementaux et les circulaires ministériels) est encore plus courte.

311 Par exemple, la base des données juridiques du Vietnam à l'adresse : http://www.vbpl.vn et le site web du Département général des douanes à l'adresse : http://www.customs.gov.vn. Il y a un autre site contenant des traductions des documents juridiques en l'anglais (http://www.thuvienphapluat.vn), néanmoins, il s'agit d'un site privé et donc l'accès à ces traductions est payable.

l'obligation au titre de l'article XVI.4 de l'Accord sur l'OMC, que nous avons abordé ci-dessus, et d'autre part, de la manière d'appliquer les traités internationaux découlant de la loi vietnamienne sur les traités de 2016 (4.2.1).

4.2.1. Mise en œuvre des traités selon la loi vietnamienne sur les traités de 2016

Dans le droit international, l'applicabilité directe ou indirecte d'un traité dépend surtout de ce qu'un État suit le monisme ou le dualisme, ou les deux[312].

Pour le Vietnam, il existe dans la législation nationale ces deux possibilités. Il faut rappeler tout d'abord qu'avant, le droit des traités du Vietnam était régi par la loi sur la signature, l'adhésion et la mise en œuvre des traités de 2005[313]. Toutefois, en avril 2016, l'Assemblée nationale du Vietnam a promulgué une nouvelle loi, intitulée la loi sur les traités de 2016. Cette loi, entrée en vigueur depuis le 1er juillet 2016, contient plusieurs changements importants, surtout en ce qui concerne la place des traités dans la hiérarchie des normes au Vietnam et la question de l'applicabilité directe ou indirecte des traités au Vietnam.

En ce qui concerne la place des traités dans la hiérarchie des normes, l'article 6.1 de la loi sur les traités de 2016 prévoit que : « Si les instruments juridiques internes et les traités dont le Vietnam fait partie comportent des règles de différentes portées sur la même question, les traités prévalent, sauf la Constitution ». Cette disposition détermine désormais la supériorité des normes conventionnelles par rapport aux normes internes et l'infériorité de ces normes par rapport à celles de caractère constitutionnel.

Notamment, l'article 6.2 prévoit que les traités dont le Vietnam fait partie peuvent être appliqués soit directement, soit indirecte-

---

312 P. DAILLIER, M. FORTEAU & A. PELLET, *Droit international public*, 8e édition, Paris, L.G.D.J., 2009, pp. 311-319.

313 Voir également : T. BRYANT & B. JESSUP, « Fragmented pragmatism : the conclusion and adoption of international treaties in Vietnam », *in* P. NICHOLSON & J. GILLESPIE, *Asian Socialism and Legal Change : The dynamics of Vietnamese and Chinese Reform*, Canberra, ANU Press, 2005, pp. 288-309.

ment. Pour que les normes conventionnelles puissent être directement appliquées dans l'ordre juridique du Vietnam, l'article 6.2 précise que cette application directe ne s'applique qu'aux normes ayant un contenu précis et détaillé à mettre en œuvre et doit être décidé lors de la ratification dudit traité. Si les conditions de fonds et de procédures ne sont pas satisfaites, les traités doivent être transposés dans le droit interne pour pouvoir être mis en œuvre.

Dans la décision de l'Assemblée nationale du Vietnam de ratifier le Protocole d'amendement de l'Accord sur l'OMC, le Vietnam n'indique pas l'applicabilité directe de l'AFE. Dès lors, les dispositions de l'AFE, dès son entrée en vigueur, devraient être transposées dans la législation vietnamienne.

4.2.2. Changements proposés et justifications

Dans le premier chapitre, les analyses ont démontré qu'il existait des incompatibilités du droit vietnamien avec certaines règles de l'AFE. De plus, malgré des progrès obtenus dans la réforme des procédures administratives dans le secteur douanier, des limites demeurent. Dès lors, selon un ex-Premier ministre du Vietnam, lors d'une session de travail avec le Département général des douanes du 25 mars 2015, la réforme des procédures administratives dans ce secteur devrait passer par un perfectionnement juridique : « Pour cette réforme, nous devons réviser les lois en vigueur, le but étant de mieux répondre aux attentes de la population comme des entreprises »[314].

Dès lors, pour assurer la mise en œuvre de l'AFE, ces incompatibilités devraient être remédiées dans l'avenir. Pour arriver à ce but, il est important d'amender les règles existantes jugées incompatibles ou de promulguer de nouvelles règles. Nous proposons d'amender ou de promulguer les règles concernant :

- La définition du terme « requérant » prévue à l'article 3.9.c de l'AFE : il faut modifier la définition du terme « requérant » contenue à l'article 4.14 de la loi sur les douanes de 2014. Il est plus facile

[314] Agence de presse du Vietnam, « La réforme administrative des douanes au service du développement économique », le 26 mars 2015, disponible sur : http://fr.vietnamplus.vn/la-reforme-administrative-des-douanes-au-service-du-developpement-economique/61520.vnp (url consultée le 20 octobre 2016).

donc de reprendre exactement les termes utilisés dans l'article 3.9.c de l'AFE.

- Les critères en vue de refuser de rendre une décision anticipée : les deux critères prévus à l'article 3.2 de l'AFE devraient être incorporés dans l'article 24 d'un nouveau décret remplaçant le décret n°. 08/2015/NĐ-CP.

- La possibilité d'un second essai prévu à l'article 5.3 de l'AFE : cette possibilité devrait être insérée dans l'article 30 du décret n°. 08/2015/NĐ-CP. Si possible, le gouvernement vietnamien devrait prévoir les conditions pour accepter le résultat du second essai ainsi que les procédures destinées au requérant en vue de demander un second essai et aux autorités douanières en vue d'examiner et de rendre une décision sur les résultats de ce second essai.

- L'établissement et la publication des temps moyens nécessaires à la mainlevée : malgré le fait que les dispositions prévues dans l'article 7.6 de l'AFE restent optionnelles, l'établissement et la publication des temps moyens nécessaires à la mainlevée sont également importants pour le Vietnam dans sa réforme des procédures administratives, parce qu'ils permettent de déterminer dans quelle étape la mainlevée est encore prolongée. Malgré quelques mises en expérimentation effectuées par le Département général des douanes en 2014 et 2015[315], les règles en cette matière devraient être incorporées dans la loi sur les douanes pour que cette opération soit mise en œuvre par tous les départements provinciaux des douanes et les sous-départements des douanes au Vietnam.

- Les procédures douanières pour les marchandises périssables prévues à l'article 7.9 de l'AFE : Nous proposons donc d'insérer ces règles dans une circulaire du Ministère des finances sur les procédures douanières. Ces règles devraient comprendre une notion sur les marchandises périssables, les procédures douanières applicables à celles-ci et les mesures visant l'accélération de leur mainlevée et leur dédouanement.

---

[315] Décision n°. 91/QĐ-BTC du Ministère des finances du 21 janvier 2015 portant établissement d'un comité directeur et les groupes spécialisés dans l'établissement et la mesure des temps moyens de la mainlevée en 2015.

- L'utilisation du critère concernant la sécurité de la chaîne d'approvisionnement comme celui spécifié à remplir pour pouvoir être considéré comme un opérateur agréé au titre de l'article 7.7 de l'AFE. Ce critère devrait être inséré dans l'article 42 de la loi vietnamienne sur les douanes de 2014 dès lors que le Vietnam, sur la base des assistances techniques reçues, pourra maîtriser l'évaluation et la mesure de la sécurité de la chaîne d'approvisionnement.

- Les règles sur la coordination entre les organes présents à la frontière prévues à l'article 8 de l'AFE : comme les analyses dans le premier chapitre l'ont indiqué, le Règlement sur la coordination entre les organes présents à la frontière n'est pas encore promulgué. Pour bien mettre en œuvre l'article 33 du décret 08/2015/NĐ-CP, ce règlement sera nécessaire. Dès lors, le Premier ministre devrait rapidement rendre une décision portant promulgation de ce règlement. Ce règlement devrait comprendre les dispositions prévues dans l'AFE et les règles préconisées par la CNUCED[316]. De plus, il est important que le Vietnam modifie l'ensemble des règles relatives au contrôle spécialisé à la frontière pour les marchandises déclarées à l'importation contenues dans d'autres documents juridiques[317]. Ceci demanderait un effort énorme des organes étatiques du Vietnam mais permettrait d'améliorer les procédures administratives dans le domaine douanier en faveur des entreprises.

- Les procédures concernant les marchandises refusées prévues à l'article 10.8 de l'AFE : il faut modifier l'article 32.5 de la circulaire 38/2015/TT-BTC pour indiquer dans quelles situations un importateur peut réexpédier ou renvoyer les marchandises à l'exportateur et dans quelles situations ces marchandises sont détruites.

- La coopération douanière prévue à l'article 12 de l'AFE : il faut que le Vietnam envisage et prévoie un mécanisme répondant aux exigences minimales prévues à cet article, lequel s'applique à la coopération douanière entre le Vietnam et tous les autres Membres de

---

[316] Nations Unies – CNUCED, *op. cit.*, pp. 19-22.

[317] T. LE, « Recommandations au gouvernement relatives au contrôle spécialisé », *Journal des douanes*, le 25 octobre 2016, disponible sur : http://www.baohaiquan/vn/Pages/Kien-nghi-Chinh-phu-nhieu-noi-dung-ve-kiem-tra-chuyen-nganh.aspx (url consultée le 28 octobre 2016).

l'OMC. Ce mécanisme devrait être inséré dans l'article 6 de la loi sur les douanes de 2014.

4.3. PROPOSITION DE CERTAINS MÉCANISMES POUR ASSURER LA RÉUSSITE DE LA MISE EN ŒUVRE DE L'AFE

En dehors des mesures proposées ci-dessus, il est nécessaire pour le Vietnam de déployer certains autres mécanismes, y compris la réorganisation du Comité national de la facilitation des échanges, le renforcement de la transparence et le renforcement de la participation des acteurs privés.

4.3.1. Réorganisation du Comité national de la facilitation des échanges

L'établissement du comité national de la facilitation des échanges est une obligation de chaque Membre de l'OMC lors de l'entrée en vigueur de l'AFE. À ce sujet, dans une étude publiée en 2015[318], le Centre du commerce international (*International Trade Centre*, l'ITC) a indiqué qu'un tel comité pouvait exister sous différentes formes, telles que le comité national de la facilitation des échanges et du transport, le comité national de la facilitation des échanges, le comité PRO, le groupe de support aux négociations de l'OMC sur la facilitation des échanges[319]. Il a également préconisé les étapes à suivre pour l'établir[320].

Au Vietnam, le comité national de la facilitation des échanges n'est pas encore établi. Le 24 octobre 2016, le comité directeur du guichet unique de l'ASEAN, du guichet unique national et de la facilitation des échanges (ci-après le Comité directeur) vient d'être créé[321] avec les représentants venant de différents ministères du

---

[318] International Trade Centre (in collaboration with UNECE and UNCTAD), *National Trade Facilitation : Moving Towards Implementation,* Geneva, ITC, 2015, 76 p., disponible sur : http://www.intracen.org/uploaded Files/intracenorg/Content/Publications/2014-2015-324%20-%20National%20Trade%20Facilitation%20 Committees_Low-res.pdf (url consultée le 25 juillet 2016).

[319] *Ibid.*, p. 5.

[320] *Ibid.*, pp. 13 et s.

[321] Décision n°. 1899/QĐ-TTg du Premier ministre du 04 octobre 2016 portant établissement du Comité directeur du guichet unique de l'ASEAN, du guichet unique national et de la facilitation des échanges.

Vietnam et de la VCCI[322]. Le rôle principal de ce comité directeur est d'aider le Premier ministre à « diriger, coordonner, guider, contrôler et organiser la mise en œuvre du guichet unique de l'ASEAN, du guichet unique national (...) ; et à mettre en place l'ensemble des mesures visant à faciliter les échanges en général et les échanges transfrontaliers des marchandises en particulier »[323]. De surcroît, ce comité directeur répond déjà aux prescriptions de l'article 23.2 de l'AFE. Toutefois, il ne s'agit pas d'un comité national de la facilitation des échanges recommandé par l'UNECE et l'ITC pour les raisons suivantes :

Premièrement, une faible structure organisationnelle

Selon la recommandation de l'UNECE, une structure organisationnelle de trois niveaux devrait être envisagée. Ces trois niveaux se comprennent du niveau stratégique (direction du comité), du niveau opérationnel (tous les membres du comité) et du niveau technique (les groupes de travail *ad hoc*)[324]. Cependant, il n'existe que le niveau stratégique dans le Comité directeur du Vietnam. Les deux derniers niveaux ne sont pas prévus dans cette décision. Dès lors, il est difficile de savoir comment ce Comité directeur pourra arriver à achever les missions confiées par le Premier ministre.

Deuxièmement, la faible implication des acteurs concernés (stakeholders).

Les acteurs concernés, surtout dans le secteur privé[325], s'impliquent très faiblement dans les activités du Comité directeur. Avec un seul représentant venant de la VCCI dans une structure directrice penchée vers les organes étatiques, la voix du secteur privé n'est pas assurée. De plus, l'absence des groupes de travail *ad hoc* dont la composition recommandée devrait contenir, parmi autres,

---

322 Le directeur de ce comité directeur est un vice Premier ministre et son directeur adjoint est le ministre des finances. Les autres membres de ce comité sont les vice-ministres de 18 ministères, le directeur du Département général des douanes et le chef de la VCCI.

323 Article 1.2 de la décision 1899/QĐ-TTg.

324 UNECE, *Recommendation n°. 4 : National Trade Facilitation Bodies,* New York and Geneva, 2015, ECE/TRADE/425, pp. 7-9 ; International Trade Centre (in collaboration with UNECE and UNCTAD), *op. cit.,* pp. 16-18.

325 Sur le rôle des acteurs privés dans la facilitation des échanges, voir surtout : A. GRAINGER, « The WTO Trade Facilitation Agreement : Consulting the Private Sector », *World Trade Journal,* 2014, vol. 48, n°. 6, pp. 1171-1175.

les représentants de différentes industries et associations commerciales et les experts dans ce secteur[326], ne permet pas aux acteurs privés du Vietnam de participer et de présenter les observations sur les travaux du Comité directeur directement à sa direction. En d'autres termes, la faible implication des acteurs concernés dans les activités du Comité directeur limite la communication entre eux et la direction dans l'élaboration et la mise en place des politiques et mesures concernant la facilitation des échanges.

Avec ces deux limites majeures, il est nécessaire donc pour le Vietnam de réorganiser la structure du Comité directeur en vue d'assurer le fonctionnement et l'efficacité de ses activités en matière de la facilitation des échanges.

4.3.2. Renforcement de la coordination entre les organes chargés du contrôle à la frontière

Le résultat de la récente mise en expérimentation du lieu du contrôle simultané aux ports maritimes de Hochiminh-ville est prometteur. Le Département des douanes de Hochiminh-ville a établi un mécanisme de coordination avec dix autres organes compétents du contrôle spécialisé en octobre 2015. Sur la base de ce mécanisme, un lieu de contrôle simultané a été instauré à chaque port. De plus, un réseau d'information électronique autorisant la connexion entre les autorités douanières, les organes chargés du contrôle spécialisé, les entreprises d'import-export et les entreprises gérant les ports maritimes a été mis en service. Depuis lors, la durée du contrôle des marchandises est diminuée[327]. En attendant un règlement sur la coordination entre les organes chargés du contrôle à la frontière promulgué par le Premier ministre, une telle initiative devrait être élargie à l'ensemble des départements provinciaux des douanes.

4.3.3. Renforcement de la transparence

Le renforcement de la transparence est toujours important pour le Vietnam dans le but de garantir la mise en œuvre des mesures

---

[326] International Trade Centre (in collaboration with UNECE and UNCTAD), *op. cit.*, p. 16.

[327] Douanes du Vietnam, « Raccourcissement de la durée du contrôle spécialisé : Nécessité d'un fort coup de coude », disponible sur : http://www.customs.gov.vn/TinHoatDong/ViewDetails.aspx?ID=24235&Category (url consultée le 28 octobre 2016).

prévues dans l'AFE en particulier et la réussite de la réforme des procédures administratives au Vietnam en général. Le renforcement de la transparence devrait donc prendre en compte deux mesures suivantes :

- La traduction des documents juridiques en anglais et leur mise en ligne régulière et actualisée. Cette mesure répondra surtout à l'exigence de la transparence de la part des investisseurs étrangers qui ne peuvent pas accéder aux sites en langue vietnamienne. Si leur accès à l'information sur la facilitation des échanges et aux documents juridiques concernés est amélioré, cela pourrait faciliter l'attraction d'investissements directs étrangers.

- L'évaluation et amélioration régulières et progressives des règles et les résultats de la réforme pour pouvoir avoir des ajustements nécessaires et opportuns.

CONCLUSION

Bien que l'utilité réelle de l'AFE soit parfois mise en doute[328], rien et personne ne pourraient empêcher l'aboutissement prochain de l'Accord dès que deux tiers des Membres de l'OMC auront ratifié son protocole d'amendement. Dès ce moment-là, en tant que Membre l'ayant ratifie, le Vietnam aura l'obligation de mettre en œuvre ses engagements au titre dudit accord. Dès lors, l'étude des « implications de la mise en œuvre de l'Accord sur la facilitation des échanges de l'OMC pour le Vietnam » nous a permis d'atteindre les objectifs essentiels posés tout au long de la réalisation de ce projet de recherche. Il s'agissait d'évaluer de la compatibilité du droit interne du Vietnam avec l'AFE, d'analyser les questions pratiques concernant la facilitation des échanges et d'avancer des recommandations dans le but de faciliter sa mise en œuvre.

Tout d'abord, en ce qui concerne la compatibilité du droit interne du Vietnam avec les dispositions de l'AFE, l'étude a montré que la plupart des dispositions contenues dans la première section de l'AFE sont déjà incorporées dans le droit positif vietnamien. Toutefois, une certaine prudence de la part du Vietnam dans la notification de ses engagements relevant de la catégorie A reste de mise. Cette prudence s'explique notamment par le fait que le Vietnam, en tant que pays en développement Membre, peut et souhaite bénéficier du traitement spécial et différencié prévu dans l'AFE. Pour le reste des dispositions de la première section de l'AFE, le droit interne du Vietnam présente un certain nombre d'incompatibilités, soit parce que les règles existantes dans la législation vietnamienne ne sont pas conformes aux exigences prévues à l'AFE, ou soit en raison de l'absence dans le droit interne des prescriptions énoncées dans cet accord (par exemple, l'article 7.6 de l'AFE sur

[328] J.-M. SIROEN, « Un accord peut-être, mais un accord en trompe-l'œil qui ne règle pas grand-chose », *Alternatives économiques,* janvier 2014, n°. 331, p. 20.

l'établissement et la publication des temps moyens nécessaires à la mainlevée).

Ensuite, du point de vue pratique, la situation actuelle de la facilitation des échanges au Vietnam présente à la fois des points positifs et négatifs. Au plan positif, les résultats sont encourageants surtout en ce qui concerne la meilleure disponibilité et l'accessibilité accrue aux informations, la simplification et la modernisation des procédures douanières et le renforcement de la coopération douanière. Inversement, des limites persistent : il s'agit de la qualité du système juridique, des lacunes relatives à la technologie, de la compétence des agents douaniers et de la faible coordination entre les organes présents à la frontière. Ces contraintes sont révélées par la position du Vietnam classé en 2016 dans deux indices principaux que sont le *Doing Business* et l'indice de performance logistique de la Banque mondiale. La performance du Vietnam en matière de la facilitation des échanges est encore loin d'atteindre celle des pays de l'ASEAN-4 et est encore loin du niveau des pays les plus performants.

De plus, cette étude nous a éclairés sur la potentialité et les obstacles pratiques de la mise en œuvre de l'AFE pour le Vietnam. Le gouvernement vietnamien ainsi que les entreprises pourraient bénéficier des avantages créés par la mise en œuvre de l'accord, particulièrement au terme de croissance économique accrue et de l'entrée favorisée dans le secteur d'import-export. Malgré ces bénéfices, des obstacles pourraient poser des difficultés pour la mise en œuvre de l'AFE de la part du gouvernement (telles que l'incertitude des mesures à mettre en œuvre, la corruption et le risque de diminution de l'emploi à la frontière en raison de l'automatisation des procédures) et des entreprises (telles que la faiblesse des ressources humaines et la qualité des produits et services).

Pour remédier aux enjeux juridiques et pratiques susmentionnés, nous avons proposé trois principaux volets de recommandations. Le premier volet porte sur la feuille de route appropriée pour la mise en œuvre de l'AFE au Vietnam. Le deuxième volet insiste notamment sur la modification et l'ajout des règles dans le droit positif du Vietnam pour assurer le respect par celui-ci des dispositions de l'AFE. Enfin, le troisième volet comprend les recommandations sur la réorganisation du comité national de la facilitation des échanges, le renforcement de la transparence et le renforcement de la coordination des organes chargés du contrôle à la frontière. Nous estimons nécessaire que le gouvernement vietnamien prenne en compte l'ensemble de ces recommandations en vue d'une application réussie de l'AFE.

En raison des contraintes de temps pesant sur la réalisation de ce projet de recherche, nous n'arrivons pas à répondre à certaines questions, telles que le rôle de la libéralisation des services dans la facilitation des échanges en général et au Vietnam en particulier, l'interaction entre l'AFE et d'autres instruments internationaux régissant la facilitation des échanges, l'harmonisation de la mise en œuvre de l'AFE et celle d'autres traités auxquels le Vietnam est lié. Toutes ces questions en suspens nous permettent d'envisager que ce thème puisse être approfondi par des recherches futures portant sur des problématiques complémentaires.

ANNEXES

Annexe 1 : *Notification des engagements pour la mise en œuvre des catégories A, B et C au titre de l'AFE*

Annexe 2 : *List of Vietnam's legal documents for evaluating the compatibility of vietnamese legal system on trade facilitation with the TFA*

Annexe 3 : *Domestic LPI of Vietnam against its region and income groupe*

Annexe 1

Notification des engagements pour la mise en œuvre des catégories A, B et C au titre de l'AFE[329]

	Catégorie A[330]	Catégorie B		Catégorie C		
I.	**PAYS EN DEVELOPPEMENT MEMBRES**					
Délai	L'entrée en vigueur de l'AFE	L'entrée en vigueur de l'AFE	Un an après l'entrée en vigueur de l'AFE	L'entrée en vigueur de l'AFE	Un an après l'entrée en vigueur de l'AFE	18 mois à compter de la date de communication des renseignements d'arrangements
Notifications	Liste des dispositions relevant de la catégorie A	Liste des dispositions relevant de la catégorie B	Dates définitives pour la mise en œuvre de la catégorie B	Liste des dispositions relevant de la catégorie C	Arrangements (entre le pays en développement et les Membres	Progrès de la fourniture de l'assistance et du soutien pour le renforcement des capacités

[329] Voir Article 15, Article 16 et Article 17 de l'AFE

[330] La catégorie A contient les dispositions qu'un pays en développement Membre ou un pays moins avancé Membre désignera pour mise en œuvre au moment de l'entrée en vigueur du présent accord, ou dans le cas d'un pays moins avancé Membre dans un délai d'un an après l'entrée en vigueur

		Dates indicatives correspondantes pour la mise en œuvre		Dates indicatives correspondantes pour la mise en œuvre Renseignements sur l'assistance et le soutien pour le renforcement des capacités dont le Membre aura besoin pour la mise en œuvre	donateurs pertinents) maintenus ou conclus qui seront nécessaires pour la fourniture d'une assistance et d'un soutien pour le renforcement des capacités visant à permettre la mise en œuvre de la catégorie C	Liste de dates définitives pour la mise en œuvre
Informations optionnelles		L'entité ou l'organisme interne chargé de la mise en œuvre e	Demande un délai additionnel pour notifier les dates définitives (au plus tard 120 jours avant le délai d'un an).	Plans ou projets nationaux de mise en œuvre en matière de facilitation des échanges L'entité ou		Demande un délai prolongé pour notifier les dates définitives (au plus tard 120 jours avant le délai de 18 mois).

			Il faut indiquer: la nouvelle date et les raisons du retard.	l'organisme interne chargé de la mise en œuvre Donateurs avec lesquels un Membre aura éventuellement mis en place un arrangement pour la fourniture d'une assistance		Il faut indiquer: la nouvelle date et les raisons du retard.
Notes	Si une demande de délai additionnel pour la mise en œuvre ne dépassera pas 18 mois, le Membre demandeur sera admis à bénéficier de ce délai additionnel sans autre action du Comité. Une demande d'une première prolongation plus longue, ou d'une deuxième prolongation ou d'une prolongation ultérieure doit être présentée au Comité au plus tard 120 jours avant la date définitive initiale d'expiration de la période de mise en œuvre ou d'expiration de la période de mise en œuvre ultérieurement prolongée. La demande doit indiquer la nouvelle date de la mise en œuvre de la disposition en question et les raisons du retard.					

II.	PAYS MOINS AVANCES MEMBRES						
Délai	Un an après l'entrée en vigueur de l'AFE	Un an après l'entrée en vigueur de l'AFE	Deux ans après la date de la notification de la catégorie B	Un an après l'entrée en vigueur de l'AFE	Un an après la date de la notification de la catégorie C	Deux ans après la date de la notification des renseignements sur l'assistance et le soutien	18 mois à compter de la date de fourniture des renseignements sur les arrangements
Notification	Liste des dispositions relevant de la catégorie A	Liste des dispositions relevant de la catégorie B Dates indicatives correspondantes pour	Confirmation des dispositions de la catégorie B et des dates pour la mise en œuvre	Liste des dispositions relevant de la catégorie C	Renseignements sur l'assistance et le soutien pour le renforcement des capacités dont le Membre aura besoin pour	Arrangements pour la fourniture d'une assistance et d'un soutien pour le	Progrès de la fourniture de l'assistance et du soutien pour le renforcement

		la mise en œuvre			la mise en œuvre	renforcement des capacités visant à mettre en œuvre de la catégorie C Dates indicatives pour la mise en œuvre des engagements de la catégorie C	des capacités Dates définitives pour la mise en œuvre
Informations optionnelles			Demande un délai additionnel pour notifier les dates définitives (au plus tard 90		Plans ou projets nationaux de mise en œuvre en matière de facilitation des		Demande un délai prolongé pour notifier les

			jours avant le délai de 2 ans). Il faut indiquer: la nouvelle date et les raisons du retard.		échanges L'entité ou l'organisme interne chargé de la mise en œuvre Donateurs avec lesquels un Membre aura éventuellement mis en place un arrangement pour la fourniture d'une assistance		dates définitives (au plus tard 90 jours avant le délai de 18 mois). Il faut indiquer: la nouvelle date et les raisons du retard.

Notes	Si une demande de délai additionnel pour la mise en œuvre ne dépassera pas trois ans, le Membre demandeur sera admis à bénéficier de ce délai additionnel sans autre action du Comité. Une demande d'une première prolongation plus longue, ou d'une deuxième prolongation ou d'une prolongation ultérieure doit être présentée au Comité au plus tard 90 jours avant la date définitive initiale d'expiration de la période de mise en œuvre ou d'expiration de la période de mise en œuvre ultérieurement prolongée. La demande doit indiquer la nouvelle date de la mise en œuvre de la disposition en question et les raisons du retard.

Source : Ce tableau établi par nous-mêmes sur la base des articles de la section 2 de l'AFE

Annexe 2

List of Vietnam's legal documents for evaluating the compatibility of Vietnamese legal system on trade facilitation with the TFA

I. Laws

1. Law on amending and supplementing a number of articles of the law on tax administration 2012
2. Law on amendments to some articles of the law on value-added tax, the law on special excise duty, and the law on tax administration 2016
3. Law on complaint 2011
4. Law on customs 2014
5. Law on export and import duties 2016
6. Law on fees and charges 2015
7. Law on food safety 2010
8. Law on handling administrative violations 2012
9. Law on legal popularization and education 2012
10. Law on plant protection and quarantine 2013
11. Law on product and goods quality 2007
12. Law on Promulgation of legislative documents 2015
13. Law on reception of citizens 2013
14. Law on tax administration 2006
15. Law on treaties 2016
16. Law on veterinary medicine 2015

2. Decrees

1. Decree No. 08/2010/NĐ-CP on management of livestock feeds
2. Decree No. 08/2015/NĐ-CP on providing specific provisions and guidance on enforcement of the customs law on customs procedures, examination, supervision and control procedures
3. Decree No. 127/2013/NĐ-CP on penalties for administrative violations and enforcement of administrative decisions pertaining to customs controls

4. Decree No. 14/2011/NĐ-CP on stipulating on conditions for registration and operation of customs procedure agent
5. Decree No. 187/2013/NĐ-CP on detailing the implementation of the commercial law regarding international goods sale and purchase and goods sale, purchase, processing and transit agency activities with foreign countries
6. Decree No. 34/2014/NĐ-CP on promulgating the regulation on land border areas of the socialist republic of Vietnam
7. Decree No. 34/2016/NĐ-CP detailing a number of articles of, and providing measures for implementing, the law on promulgation of legal documents
8. Decree No. 45/2016/NĐ-CP on amendments to some articles of the government's Decree no. 127/2013/NĐ-CP dated October 15, 2013 on penalties for administrative violations against regulations on customs control and enforcement of administrative decisions on customs control
9. Decree No. 57/2002/NĐ-CP of detailing the implementation of the ordinance on charges and fees
10. Decree No. 57/2002/NĐ-CP of detailing the implementation of the ordinance on charges and fees; replaced partly by Decree No. 24/2006/NĐ-CP amending and supplementing a number of articles of Decree No. 57/2002/NĐ-CP detailing the implementation of the ordinance on charges and fees
11. Decree No. 64/2014/NĐ-CP on detailing a number of articles of the law on reception of citizens
12. Decree No. 66/2008/NĐ-CP on legal aid for enterprises
13. Decree No. 68/2016/NĐ-CP on regulations on conditions for duty-free business, warehouses, and sites for customs clearance, customs inspection and supervision
14. Decree No. 75/2012/NĐ-CP detailing a number of articles of the law on complaints;

III. Ministerial circulars

1. Circular No. 05/2013/TT-BNNPTNT amending and supplementing a number of articles of the circular no. 13/2011/TT-BNNPTNT of March 16, 2011, guiding food safety inspection for import goods of plant origin

2. Circular No. 07/2013/TT-TTCP on procedures of administrative complaints settlement
3. Circular No. 12/2015/TT-BTC on detailing the procedures for issuance of certificate of training in customs declaration; issuance and revocation of customs broker number; procedures for recognition and operation of customs brokerage agents
4. Circular No. 13/2011/TT-BNNPTNT guiding on the food safety control for imported foodstuffs of plant origin
5. Circular No. 15/2014/TT-BGTVT guiding the routes for transportation of goods in transit through the Vietnamese territory
6. Circular No. 17/2015/TT-BGTVT on amending, supplementing a number of articles of the ministry of transport's circular no. 15/2014/TT-BGTVT dated May 13, 2014 providing guidance on routes for transport of transit goods through the territory of Vietnam
7. Circular No. 172/2010/TT-BTC on guiding rates, collection, remittance, management and use of customs fees
8. Circular No. 184/2015/TT-BTC on procedures for declaration, guarantee fund tax, collection, payment of taxes, late payment interests, fines, and other amounts payable for exporting, importing, transiting good and entering, exiting, transiting devices
9. Circular No. 191/2015/TT-BTC on providing for customs procedures for goods that are imported, transited through international express delivery service
10. Circular No. 217/2015/TT-BTC on guiding customs procedures and tax administration of border trade activities of traders and border residents under the prime minister's decision no. 52/2015/QĐ-TTg of October 20, 2015
11. Circular No. 22/2014/TT-BTC on providing e-customs procedures for commercial imports and exports
12. Circular No. 24/2011/TT-BTTTT on establishing, utilisation and storage specific data on websites or web portals of state agencies
13. Circular No. 25/2010/TT-BNNPTNT guiding the food hygiene and safety inspection of imports of animal origin
14. Circular No. 38/2015/TT-BTC on customs procedures, customs supervision and inspection, export tax, import tax,

and tax administration applied to exported and imported goods

15. Circular No. 44/2001/TT-BKHCNMT on guiding inspecting activities of technical units serving state administration
16. Circular No. 49/2015/TT-BTC on stipulating the customs procedure for mails, packages or parcels of goods exported or imported through postal services provided by authorized enterprises
17. Circular No. 51/2010/TT-BNNPTNT amending and supplementing a number of articles of the circular no. 25/2010/TT-BNNPTNT of February, 2, 2010, guiding food safety inspection for import goods of animal origin
18. Circular No. 72/2015/TT-BTC regulating on application of priority policy in customs procedures, customs inspection and supervision for exported and imported goods of enterprises
19. Circular No. 172/2010/TT-BTC on guiding rates, collection, remittance, management and use of customs fees
20. Circular No. 72/2015/TT-BTC regulating on application of priority policy in customs procedures, customs inspection and supervision for exported and imported goods of enterprises
21. Joint circular No. 37/2001/TTLT/BKHCNMT-TCHQ on guiding the customs procedures for and quality inspection of export and import goods subject to the state quality inspection
22. Joint circular No. 84/2013/TTLT-BTC-BCT-BGTVT guiding the implementation of Decision No.48/2011/QĐ-TTg dated August 31, 2011 of the Prime Minister on the pilot implementation of mechanism of national one-stop-shop customs

IV. Decisions

1. Decision 1915/QĐ-TCHQ on promulgating regulations on propagating, supporting and supplying information for people declaring at the customs and paying taxes
2. Decision No. 15/2006/QĐ-BNNPTNT on issuing regulation on process and procedures for animal and animal product quarantine; veterinary hygiene inspection

3. Decision No. 45/2013/QĐ-TTg on promulgating the regulation on administering activities at inland border gates
4. Decision No. 48/2011/QĐ-TTg on piloting the implementation of national one-stop shop (OSS) customs mechanism
5. Decision No. 78/2007/QĐ-BTC on promulgating the regulations on provision of guidance on and answers to questions about tax policies and administrative regulations and settlement of tax-related administrative procedures for taxpayers under the "one-stop-shop" mechanism
6. Decision No. 91/QĐ-BTC on establishing steering committee and specialized team to measure release of exporting and importing goods average time in 2015

V. Draft of legislative documents

1. Draft of Circular on training, testing, allocating customs professional certificate and operating of customs procedure agents
2. Draft of Law on promulgation of administrative decisions

VI. Treaties

1. Agreement on Rules of Origin of WTO
2. Agreement on Trade-Related Aspects of Intellectual Property Rights (TRIPS)
3. ASEAN Agreement on Customs
4. Customs Cooperation and Mutual Administrative Assistance Agreement between Government of Vietnam and Government of Korea 1995
5. Customs Cooperation and Mutual Administrative Assistance Agreement between Government of Vietnam and Government of Mongolia 2003
6. Customs Cooperation and Mutual Administrative Assistance Agreement between Government of Vietnam and Government of Belarus 2008
7. Customs Cooperation and Mutual Administrative Assistance Agreement between Government of Vietnam and Government of Russia 2010
8. Customs Cooperation and Mutual Administrative Assistance Agreement between Government of Vietnam and Government of Italia 2016.

9. Customs Cooperation and Mutual Assistance Agreements between Government of Vietnam and Government of India 2015.
10. General Agreement on Tariffs and Trade 1994
11. Greater Mekong Sub region Cross-Border Transport Agreement
12. Greater Mekong Subregion Cross-Border Transport Agreement
13. International Convention on the Simplification and Harmonization of Customs (Kyoto Convention)

Annexe 3

Domestic LPI of Vietnam against its region and income groupe

	Vietnam	**Region: East Asia & Pacific**	**Income: Lower middle income**
Export time and cost / Port or airport supply chain			
Distance (kilometers)	141km	93km	594km
Lead time (days)	3 days	2 days	4 days
Cost (US$)	N/A	N/A	N/A
Export time and cost / Land supply chain			
Distance (kilometers)	249km	346km	1134km
Lead time (days)	3 days	3 days	6 days
Cost (US$)	N/A	N/A	N/A
Import time and cost / Port or airport supply chain			
Distance (kilometers)	102km	120km	533km
Lead time (days)	3 days	3 days	5 days
Cost (US$)	N/A	N/A	N/A
Import time and cost / Land supply chain			
Distance (kilometers)	230km	364km	916km
Lead time (days)	3 days	5 days	8 days
Cost (US$)	N/A	N/A	N/A
Shipments meeting quality criteria (%)	57.38%	77.86%	68.78%
Number of agencies – exports	4	3	4
Number of agencies – imports	3	3	4

Number of documents – exports	4	4	4
Number of documents - imports	3	3	4
Clearance time without physical inspection (days)	1 days	2 days	2 days
Clearance time with physical inspection (days)	3 days	3 days	4 days
Physical inspection (%)	16.71%	14.54%	76.10%
Multiple inspection (%)	9.38%	5.26%	89.87%
Declarations submitted and processed electronically and online (%)	90.91%	74.86%	88.08%
Importers use a licensed Customs Broker (%)	61.54%	72.55%	90.43%
Able to choose the location of the final clearance (%)	50%	65.77%	62.53%
Goods released pending customs clearance (%)	58.33%	40.79%	51.80%

Source : World Bank, *Domestic LPI, Performance : Vietnam 2016*, disponible sur : http://lpi.worldbank.org/domestic/performance/2016/C/VNM/R/EAP/I/LMC#chartarea (url consultée le 20 octobre 2016).

BIBLIOGRAPHIE

I. Documents officiels

A. Instruments juridiques internationaux

1. Accord sur l'établissement de l'Organisation mondiale du commerce du 15 avril 1994.
2. Agreement to Establish and Implement the ASEAN Single Window of 2005.
3. APEC Second Trade Facilitation Action Plan, 2007, disponible sur : http://www.apec.org/Home/Groups/Committee-on-Trade-and-Investment/~/media/1E898BBD474347F8807AB1EB44E1C6DE.ashx (url consultée le 20 septembre 2016).
4. APEC Trade Facilitation Action Plan presented by Committee on Trade and Investment, 21 October 2002, disponible sur : http://www.apec.org/~/media/Files/AboutUs/Action%20Plans/03_cti_tfactionplan.pdf (url consultées le 20 septembre 2016).
5. OMC – Conseil général, *Protocole portant amendement de l'Accord de Marrakech instituant l'Organisation mondiale du commerce*, décision du 27 novembre 2014, WT/L/940.
6. OMC – Organe d'examen des politiques commerciales, *Examen des politiques commerciales*, *Rapport du Vietnam*, le 13 août 2013, WT/TPR/G/287.
7. OMC – Organe d'examen des politiques commerciales, *Examen des politiques commerciales – Rapport du Secrétariat – Vietnam*, le 13 août 2013, WT/TPR/S/287.
8. OMC, *Accord sur la facilitation des échanges – décision ministérielle du 7 décembre 2013*, WT/MIN(13)/36 & WT/L/911.
9. OMC, *Déclaration ministérielle de Bali, adoptée le 7 décembre 2013*, WT/MIN(13)/DEC.
10. OMC, *Déclaration ministérielle de Doha, adoptée le 20 novembre 2001*, WT/MIN(01)/DEC/1.
11. OMC, *Déclaration ministérielle de Singapour, adoptée le 13 décembre 1996*, WT/MIN(96)/DEC.

12. OMC, *Programme de travail de Doha – Décision adoptée par le Conseil général le 1er août 2004*, WT/L/579.
13. Protocol on the Legal Framework to Implement the ASEAN Single Window of 2015.
14. Conseil du commerce des services – Session extraordinaire, *Négociations sur le commerce des services – Rapport du Président M. l'Ambassadeur Fernando de Mateo au Comité des négociations commerciales,* le 21 avril 2011, TN/S/36.
15. Conseil du commerce des services – Session extraordinaire, *Négociations sur le commerce des services – Rapport du Président M. l'Ambassadeur Gabriel Duque au Comité des négociations commerciales,* le 31 juillet 2015, TN/S/39.
16. OMC – Comité préparatoire de la facilitation des échanges, *Notification des engagements de la catégorie A au titre de l'Accord sur la facilitation des échanges – Communication présentée par le Brunei Darussalam*, le 8 août 2014, WT/PCTF/N/BRN/1.
17. OMC – Comité préparatoire de la facilitation des échanges, *Notification des engagements de la catégorie A au titre de l'Accord sur la facilitation des échanges – Communication présentée par la RDP Lao*, le 17 septembre 2015, WT/PCTF/N/LAO/1.
18. OMC – Comité préparatoire de la facilitation des échanges, *Notification des engagements de la catégorie A au titre de l'Accord sur la facilitation des échanges – Communication présentée par l'Indonésie*, le 4 août 2014, WT/PCTF/N/IDN/1.
19. OMC – Comité préparatoire de la facilitation des échanges, *Notification des engagements de la catégorie A au titre de l'Accord sur la facilitation des échanges – Communication présentée par la Malaisie*, le 23 juillet 2014, WT/PCTF/N/MYS/1.
20. OMC – Comité préparatoire de la facilitation des échanges, *Notification des engagements de la catégorie A au titre de l'Accord sur la facilitation des échanges – Communication présentée par les Philippines*, le 1er août 2014, WT/PCTF/N/PHL/1.
21. OMC – Comité préparatoire de la facilitation des échanges, *Notification des engagements de la catégorie A au titre de l'Accord sur la facilitation des échanges – Communication présentée par Singapour*, le 18 juin 2014, WT/PCTF/N/SGP/1.
22. OMC – Comité préparatoire de la facilitation des échanges, *Notification des engagements de la catégorie A au titre de l'Accord sur la facilitation des échanges – Communication présentée par la Thaïlande*, le 25 juillet 2014, WT/PCTF/N/THA/1.

23. OMC – Comité préparatoire de la facilitation des échanges, *Notification des engagements de la catégorie A au titre de l'Accord sur la facilitation des échanges – Communication présentée par la Thaïlande – Addendum*, le 19 septembre 2016, WT/PCTF/N/THA/1/Add.1.
24. CEE-ONU & CEFACT-ONU, « Recommandation n°. 33 : Recommandation et lignes directrices en vue de la mise en place d'un guichet unique », ECE/TRADE/352, New York et Genève, 2005.
25. UNECE, *Recommendation n°. 4 : National Trade Facilitation Bodies*, New York and Geneva, 2015, ECE/TRADE/425.

B. Documents officiels du Vietnam

1. Circulaire n°. 184/2015/TT-BTC du Ministère des finances du 17 novembre 2015 guidant procédures sur la déclaration, la garantie, la perception de droits de douane, sommes indues, amendes, redevances, charges et autres impositions pour les marchandises à l'exportation ou à l'importation et les moyens de transport entrant, sortant et en transit.
2. Circulaire n°. 123/2015/TT-BTC du Ministère des finances du 18 août 2015 guidant les activités d'investissement direct sur la bourse vietnamienne.
3. Décision n° 112/2001/QĐ-TTg du Premier ministre du 25 juillet 2001 portant approbation du Projet d'informatisation des gestions administratives pour la période de 2001-2005.
4. Décision n° 1899/QĐ-TTg du Premier ministre du 04 octobre 2016 portant établissement du Comité directeur du guichet unique de l'ASEAN, du guichet unique national et de la facilitation des échanges.
5. Décision n° 2599/QG-BCDASW du Comité national directeur sur le guichet unique de l'ASEAN du 21/10/2009 promulguant le Projet global de mise en œuvre du guichet unique national, vers le guichet unique de l'ASEAN.
6. Décision n°. 175/QĐ-TTg du 27 janvier 2011 du Premier ministre portant approbation de la stratégie globale de développement du secteur des services au Vietnam d'ici à 2020.

7. Décision n°. 1969/QĐ-TTg du Premier ministre du 13 octobre 2016 portant l'approbation du projet de préparation et de mise en œuvre de l'Accord de la facilitation des échanges de l'Organisation mondiale du commerce.
8. Décision n°. 2471/QĐ-TTg du 28 décembre 2011 du Premier ministre portant approbation de la stratégie d'exportation et d'importation du Vietnam pour la période de 2011 à 2020 et vision pour 2030.
9. Décision n°. 35/2009/QĐ-TTg du Premier ministre du 03 mars 2009 portant ajustement de la stratégie de développement des transports jusqu'en 2020 ; Décision n°. 355/QĐ-TTg du Premier ministre du 25 février 2013 portant approbation des ajustements de la stratégie de développement des transports jusqu'en 2020 et une vision pour 2030.
10. Décision n°. 448/QĐ-TTg du 25 mars 2011 du Premier ministre portant approbation de la stratégie pour le développement des douanes jusqu'en 2020.
11. Décision n°. 91/QĐ-BTC du Ministère des finances du 21 janvier 2015 portant établissement d'un comité directeur et les groupes spécialisés dans l'établissement et la mesure des temps moyens de la mainlevée en 2015.
12. Décret n° 08/2015/NĐ-CP.
13. Décret n° 187/2013/NC-CP du 21 janvier 2013 du gouvernement portant application de la loi sur le commerce sur la vente internationales des marchandises, les agences de vente de marchandises, la confection et le transit des marchandises avec les commerçants étrangers.
14. Décret n° 66/2008/NĐ-CP sur les entraides juridiques aux entreprises.
15. Décret-loi sur les redevances et impositions de 2001.
16. Loi sur le commerce de 2005.
17. Loi sur les redevances et impositions de 2015.
18. Loi vietnamienne sur les documents juridiques de 2015.
19. Loi vietnamienne sur les traités de 2016.
20. Loi vietnamienne sur les douanes de 2014.
21. Rapport n° 135/TTr-CP du gouvernement du 31 mars 2015 sur le projet de loi des redevances et impositions, pp. 2-4.

22. Résolution n° 19/NQ-CP du gouvernement du 12 mars 2015 sur les missions et solutions essentielles visant à continuer l'amélioration de l'environnement des affaires et le rehaussement de la compétitivité nationale durant deux ans de 2015 et 2016.
23. Résolution n° 19/NQ-CP du gouvernement du 18 mars 2014 sur les missions et les solutions essentielles visant à améliorer l'environnement des affaires et à rehausser la compétitivité nationale.
24. Résolution n° 19/NQ-CP du gouvernement du 28 avril 2016 sur les missions et les solutions essentielles visant à améliorer l'environnement des affaires et à rehausser la compétitivité nationale pour les deux années de 2015 et 2016, orientations vers 2020.

II. Ouvrages, articles et autres publications

A. En anglais ou en français

1. A. GRAINGER, « Argumentaire pour la facilitation des échanges dans la pratique », disponible sur : http://www.wcoomd.org/fr/media/newsroom/2012/june/~/media/C8B48F1E5F484BA 3B2F1E2775B646752.ashx (consulté le 15 janvier 2016)).
2. A. GRAINGER, « The WTO Trade Facilitation Agreement : Consulting the Private Sector », *Journal of World Trade Journal,* 2014, vol. 48, n°. 6, pp. 1167-1188.
3. A. GRAINGER, « Trade Facilitation : A Conceptual Review », *Journal of World Trade,* 2011, vol. 45, n°. 1, pp. 39-62.
4. ADB & ESCAP, *Designing and Implementing Trade Facilitation in Asia and the Pacific – 2013 Update,* Mandaluyong City, Asian Development Bank, 2013, 231 p.
5. Agence de presse du Vietnam, « La réforme administrative des douanes au service du développement économique », le 26 mars 2015, disponible sur : http://fr.vietnamplus.vn/la-reforme-administrative-des-douanes-au-service-du-developpement-economique/61520.vnp (url consultée le 20 octobre 2016).
6. ASEAN Secretariat, « Building the ASEAN Community : Lowering the Costs of Trade through Faster Customs

Clearance », disponible sur : http://www.asean.org/storage/images/2015/October/outreach-document/Edited%20ASEAN%20Single%20Window-2.pdf (urls consultées le 25 juillet 2016).
7. ASEAN, « Background on Customs Cooperation in ASEAN », October 9th 2012, disponible sur : http://asean.org/?static_post=background-on-customs-cooperation-in-asean (url consultée le 25 juillet 2016).
8. Asian Development Bank, *Greater Mekong Subregion Cross-Border Transport Facilitation Agreement : Instruments and Drafting History*, Mandaluyong City, Asian Development Bank, 2011, 303 p.
9. B. HOEKMAN, « Multilateral Cooperation in a World of Preferential Trade Agreements », *Brown Journal of World Affairs,* 2015, vol. 21, n°. 2, pp. 131-144.
10. B. LAYTON, « Chapter 5 : Trade Facilitation : A Study in the Context of the ASEAN Economic Community Blueprint », *in* H. SOESASTRO (ed.), *Deepening Economic Integration – The ASEAN Economic Community and Beyond,* ERIA Research Project Report 2007-1-2, Chiba, IDE-JETRO, pp. 76-100.
11. B. RIPPEL, « Why Trade Facilitation is important for Africa », Africa Trade Policy Notes n°. 27, november 2011, disponible sur : http://web.worldbank.org/WBSITE/EXTERNAL/COUNTRIES/AFRICAEXT/ EXTAFRREGTOPTRADE/0,,contentMDK:23053487~pagePK:34004173~piPK:34003707~theSitePK:502469,00.html (consulté le 17 janvier 2016).
12. C. KAH-WEI, « Legal and Regulatory Aspects of International Single Window Implementation : The ASEAN Experience », *Global Trade and Customs Journal,* 2009, vol. 4, n°. 6, pp. 185-194.
13. CEE-ONU, « Guide pratique relatif à la facilitation des échanges : La gestion des risques douaniers et sélectivité », disponible sur : http://www.tfig.itcilo.org/FR/contents/customs-risk-management.htm (url consultée le 15 juillet 2016).
14. CEE-ONU, « Guide pratique relatif à la facilitation du commerce : Audit après dédouanement », disponible sur :

http://www.tfig.itcilo.org/FR/contents/post-clearance-audit.htm (url consultée le 20 juillet 2016).
15. Centre du commerce international, *Accord de facilitation des échanges de l'OMC : Guide du commerce pour les pays en développement*, Genève, 2013, 50 p., disponible sur : http://www.intracen.org/uploadedFiles/intracenorg /Content/Publications/C-UsersadeagboDesktopFACILITATION-FRENCHWTO%20T%20(1).pdf (consulté le 15 janvier 2016).
16. D. DE SOUSA & C. FINDLAY, « The Relationship between Liberalization in the Logistics Sector and Trade facilitation », Asia-Pacific Research and Training Network on Trade, Working Paper Series, n°. 16, August 2006, 38 p., disponible sur : http://www.unescap.org/sites/ default/files/AWP%20No.%2016.pdf (url consultée le 10 septembre 2016).
17. D. ELMS, « After Bali : What Happens Next with ASIAN Trade Facilitation ? », *Asian Journal of WTO Law & International Health Law and Policy*, 2014, vol. 9, n°. 2, pp. 429-444.
18. G. HUFBAUER & J. SCHOTT, « The Payoff from the World Trade Agenda », The Peterson Institute for International Economics, *Report to the International Chamber of Commerce Research Foundation*, April 2013, p. 11, disponible sur : http://www.iccwbo.org/Data/Documents/Global-Influence/World-Trade-Agenda/Related-documents/Payoff-from-the-World-Trade-Agenda-2013/ (consulté le 16 janvier 2016).
19. H. GHERARI, « L'accord de l'OMC sur la facilitation des échanges », *Journal du droit international (Clunet)*, 2015, n°. 3, pp. 845-857.
20. H. HOHMANN, « Trade Facilitation within the Doha-Round : A Critical Review of Recent Efforts Inside and Outside the WTO », *Manchester Journal of International Economic Law*, 2005, vol. 2, n°. 2, pp. 45-53.
21. H. WANG, « The Agreement on Trade Facilitation and Its Implications : An Interpretative Perspective », *Asian Journal of WTO Law & International Health Law and Policy*, 2014, vol. 9, n°. 2, pp. 445-476.

22. International Trade Centre, *National Trade Facilitation : Moving Towards Implementation,* Geneva, ITC, 2015, 76 p., disponible sur : http://www.intracen.org/uploaded Files/intracenorg/Content/Publications/2014-2015-324%20-%20National%20Trade%20Facilitation%20 Committees_Low-res.pdf (url consultée le 25 juillet 2016).
23. J. M. FINGER, « The WTO Trade Facilitation Agreement : Form without substance again ? », 2015, 9 p., disponible sur : http://ssrn.com/abstract=2489038 (url consultée le 10 septembre 2016).
24. J. S. WILSON, C. L. MANN & T. OTSUKI, "Assessing the potential benefit of Trade Facilitation: A Global Perspective", *World Bank Policy Research Working Paper N°. 3224,* 2004, 40 p.
25. J. S. WILSON, C. L. MANN & T. OTSUKI, "Trade Facilitation and Economic Development: Measuring the Impact", *World Bank Policy Research Working Paper N° 2988,* 2003, 43 p.
26. J.-M. SIROEN, « Un accord peut-être, mais un accord en trompe-l'œil qui ne règle pas grand-chose », *Alternatives économiques,* janvier 2014, n°. 331, p. 20.
27. K. SANGSUVAN, « Small Business in the WTO : Small Fish in a Big Pond or Globalization », *Michigan State International Law Review,* 2015, vol. 23, n°. 2, pp. 389-394.
28. M. GRANQVIST & J. HINTSA, « Thème du mois : Le potentiel de la douane électronique en Suisse : le point de vue de l'économie », *Revue de politique économique,* 2011, n°. 3, pp. 18-21.
29. M. I. PELLAN & M.-H. WONG, « Trade Facilitation in ASEAN and ASEAN+1 FTAs : An Analysis of Provisions and Progress », *Journal of World Trade,* 2013, vol. 47, n°. 2, pp. 243-280.
30. M. J. FERRANTINO, « Using Supply Chain Analysis to Examine the Costs of Non-Tariff Measures (NTMs) and the Benefits of Trade Facilitation », 19 January, 2012, 32 p., disponible sur : http://ssrn.com/abstract=1988245 (url consultée le 10 septembre 2016).
31. M. PHAM et *al.*, « Trade Facilitation, Value Creation, and Competitiveness : Policy implications for Vietnam's Economic Growth - Summary Report », National Committee

for International Economic Cooperation of Vietnam & The World Bank, Report N° ACS1510, 2013.

32. M. Q. NGUYEN, « Status and Challenges of Trade Facilitation and Supply Chain Efficiency Improvements in Vietnam : Economic Corridors for Trade Facilitation », *Asia-Pacific Trade Facilitation Forum 2011*, COEX, Seoul, 05 oct 2011, disponible sur : unnext.unescap.org/tfforum11_c2_quyen.pdf (consulté le 15 janvier 2016).
33. Nations Unies – CNUCED, *Notes techniques sur les mesures de facilitation du commerce*, UNCTAD/DTL/TLB/2010/1, New York et Genève, 2011, p. 48.
34. OCDE, *OECD Trade Facilitation Indicators – State of Implementation*, 6/2014, disponible sur: http://www.oecd.org/tad/facilitation/TFI-state-implementation-june-2014.pdf (url consultée le 20 juillet 2016).
35. OECD, « The Costs and Benefits of Trade Facilitation », *Policy Brief*, October 2005, 8 p., disponible sur : http://www.oecd.org/trade/facilitation/35459690.pdf (url consultée le 20 septembre 2016)
36. OECD, *Business Benefits of Trade Facilitation, Working Party of the Trade Committee*, Paris, 2001, TD/TC/WP(2001).
37. OECD, *OECD Trade Facilitation Indicators: Moving ASEAN Forward*, August 2015, disponible sur : http://www.oecd.org/tad/facilitation/oecd-tfi-asean-july-2015.pdf (url consultée le 20 juillet 2016).
38. OMC, « Négociations sur la facilitation des échanges », disponible sur : https://www.wto.org/french/tratop_f/tradfa_f/tradfa_negoti_f.htm (consulté le 16 janvier 2016).
39. OMC, *Discours de Pascal Lamy devant le Chambre de commerce de Chittagong au Bangladesh*, février 2013, disponible sur : http://www.wto.org/french/news_f/sppl_f/sppl265_f.htm (consulté le 16 janvier 2016).
40. OMC, *Rapport sur le Commerce mondial 2015*, p.8, disponible en ligne à l'adresse : https://www.wto.org/french/res_f/booksp_f/world_trade_report15_f.pdf.

41. P. DAILLIER, M. FORTEAU & A. PELLET, *Droit international public*, 8e édition, Paris, L.G.D.J., 2009, 1708 p.
42. P. INTAL, « AEC Blueprint Implementation Performance and Challenges : Trade Facilitation », *ERIA Discussion Paper Series*, ERIA-DP-2015-41, May 2015, 76 p.
43. S. CRESKOFF, « The WTO Trade Facilitation Negotiations : It's Time to Agree on Basic Principles », *Global Trade and Customs Journal*, 2008, vol. 3, no. 5, pp. 149-162.
44. S. HEMALI & S. AASHISH, « Authentication and Recognition Issues in Cross-Border Single Window », *Journal of World Trade*, 2013, vol. 47, no. 6, pp. 1225-1258.
45. T. BRYANT & B. JESSUP, « Fragmented pragmatism : the conclusion and adoption of international treaties in Vietnam », *in* P. NICHOLSON & J. GILLESPIE, *Asian Socialism and Legal Change : The dynamics of Vietnamese and Chinese Reform*, Canberra, ANU Press, 2005, pp. 288-309.
46. T. HAMMAR, « Trade facilitation in Vietnam, recent progress and impact », Master thesis, Lund University, 2008, p. 19, disponible sur : https://lup.lub.lu.se/luur/download?func=downloadFile&recordOId= 1337885&fileOId=1646865 (url consultée le 30 juin 2016).
47. T. T. NGUYEN et *al.*, « Trade Facilitation in ASEAN Members – A Focus on Logistics Policies Toward ASEAN Economic Community », *SECO/WTI Academic Cooperation Project Working Paper Series 2014/01*, 2014, 31 p.
48. WTO, « WTO : a Training package, What is Trade Facilitation ? », disponible sur: www.wto.org/ english/thewto-e/whatis-e/eol/e/wto02/wto2_69.htm#note2 (consulté le 10 janvier 2016).

B. En vietnamien

1. B. CHAU & H. ANH, « Contrôle spécialisé effectué par les organes étatiques : 344 documents juridiques empêchent les entreprises, *Vietnam Financial Times*, le 17 août 2016, disponible sur : http://thoibaotaichinhvietnam.vn/pages/nhip-song-tai-chinh/2016-08-17/thu-tuc-

kiem-tra-chuyen-nganh-344-van-ban-niu-chan-doanh-nghiep-34652.aspx (url consultée le 30 octobre 2016).
2. Ministère des finances, « Déploiement des mesures d'établir et de mettre en œuvre le guichet unique national, vers le guichet unique de l'ASEAN », Hanoï, le 09 septembre 2015, disponible sur : http://www.mof.gov.vn/webcenter/portal/tttc/r/o/nctd/nctd_chitiet?dDocName=BTC073736&_afrLoop=34956717469540191#!%40%40%3F_afrLoop%3D34956717469540191%26dDocName%3DBTC073736%26_adf.ctrl-state%3Dsb52upos6_4 (url consultée le 20 juillet 2016).
3. Bristish Embassy Hanoi & VCCI, *Évaluation de la compatibilité du droit vietnamien avec l'Accord de libre-échange entre le Vietnam et l'Union européenne en matière des douanes et de la facilitation des échanges,* Hanoï, Éditions de l'Industrie et du commerce, 2015, 179 p.
4. Douanes du Vietnam, « La réforme des procédures administratives dans le secteur douanier depuis le mois de août 2014 jusqu'ici », disponible sur : http://www.customs.gov.vn/Lists/HaiQuanVietNam/Details.aspx?List=74c 6bc80-f976-4544-a90e-a90f0cbefddc&ID=481&ContentTypeId=0x01009F0BD5F1CCEE4A43AC75412DE23ADF3D (consulté le 16 janvier 2016).
5. Douanes du Vietnam, « Les Ministères de la santé, des ressources et de l'environnement, et de l'agriculture et du développement rural relient le guichet unique national », Hanoï, le 04 juin 2015, disponible sur : http://www.customs.gov.vn/Lists/TinHoatDong/ViewDetails.aspx?ID=22492 (url consultée le 20 juillet 2016).
6. Douanes du Vietnam, « La Douane vietnamienne a mise en œuvre avec succès le système VNACCS/VCIS », Hanoï, le 30 octobre 2015, disponible sur : http://www.customs.gov.vn/lists/tinhoatdong/viewdetails.aspx?id=19975&category=gi%E1%BB%9Bi+thi%E1%BB%87u+h%E1%BB%87+th%E1%BB%91ng+vnaccs%2Fvcis (url consultée le 17 juillet 2016).
7. Douanes du Vietnam, « Généralités sur le système VNACCS/VCIS », Hanoï, le 21 août 2013, disponible sur :

http://www.customs.gov.vn/lists/tinhoatdong/viewdetails.aspx?id=19975&category=gi%E1%BB%9Bi+thi%E1%BB%87u+h%E1%BB%87+th%E1%BB%91ng+vnaccs%2Fvcis (url consultée le 15 juillet 2016).
8. Douanes du Vietnam, « Raccourcissement de la durée du contrôle spécialisé : Nécessité d'un fort coup de coude », disponible sur : http://www.customs.gov.vn/TinHoatDong/ViewDetails.aspx?ID=24235&Category (url consultée le 28 octobre 2016).
9. Douanes du Vietnam, « Mise en place des services publics au niveau 4 dans le secteur d'enregistrement », Hanoï, le 28 mai 2015, disponible sur : http://www.customs.gov.vn/Lists/TinHoatDong/ViewDetails.aspx?ID=22457&Category=Một cửa (url consultée le 26 juillet 2016).
10. K. L. HOANG, *Processus en vigueur de promulgation d'une loi au Vietnam,* Résumé du mémoire, Faculté de droit, Université nationale de Hanoï, 2012, pp. 13-14.
11. T. LE, « Recommandations au gouvernement relatives au contrôle spécilisé », *Journal des douanes*, le 25 octobre 2016, disponible sur : http://www.baohaiquan/vn/Pages/Kiennghi-Chinh-phu-nhieu-noi-dung-ve-kiem-tra-chuyennganh.aspx (url consultée le 28 octobre 2016).
12. T. M. NGUYEN (dir.), *Perfectionnement du droit commercial et maritime dans le contexte de l'intégration du Vietnam à l'économie internationale,* Hanoï, Éditions de la politique nationale, 2002, 273 p.
13. T. T. T. NGUYEN, « Accord sur la facilitation des échanges de l'OMC : quels bénéfices et obstacles pour les entreprises ? », disponible sur : http://wtocenter.vn/sites/wtocenter.vn/files/event-education/attachments /3.1._presentation_3_-_ms_trang_-_tfa_va_dn-vn.pdf (consulté le 16 janvier 2016).
14. Le Centre de l'OMC – VCCI, *Rapport d'études : Réexamen du droit vietnamien au regard des engagements dans l'Accord de la facilitation des échanges de l'OMC*, 2014, 118 p., disponible sur : http://www.trungtamwto.vn/sites/default/files/wto-

center/attachments/ra_soat_plvn_thuc_thi_tfa.pdf (url consultée le 20 septembre 2016).

15. VCCI, USAID & Douanes du Vietnam, *Rapport du résultat de l'enquête de 2015 : Satisfaction des entreprises sur les procédures administratives dans le secteur douanier*, Hanoï, 10/2015.

III. Autres documents

1. *États-Unis – Articles 301 à 31à de la Loi de 1974 sur le commerce extérieur*, Rapport du groupe spécial du 22 décembre 1999, WT/DS152/R.
2. *États-Unis – Mesures relatives à la réduction à zéro et aux réexamens à l'extinction*, Recours du Japon à l'article 21.5 du Mémorandum d'accord sur le règlement des différends, Rapport de l'Organe d'appel du 18 août 2008, WT/DS322/AB/RW.

TABLE DES MATIÈRES

Remerciements 3

Sommaire 9

Liste des abréviations 11

Liste des tableaux et graphiques 13

INTRODUCTION 15

Chapitre 1: ÉTUDE ANALYTIQUE DE L'ACCORD SUR LA FACILITATION DES ECHANGES DE L'OMC 29

NGUYEN Kim Oanh

1.1. Règles de fond 30

1.1.1. Les obligations en matière de la transparence *30*

i. Article 1 : Publication et disponibilité des renseignements 30

ii. Article 2 : Possibilité de présenter des observations, renseignements avant l'entrée en vigueur et consultations 33

iii. Article 3 : Décisions anticipées 34

iv. Article 4 : Procédures de recours ou de réexamen 36

v. Article 5 : Autres mesures visant à renforcer l'impartialité, la non-discrimination et la transparence 37

1.1.2. Les obligations relatives aux redevances et formalités liées à l'importation, l'exportation et le transit *38*

i. Article 6 : Discipline concernant les redevances et impositions imposées à l'importation et à l'exportation ou à l'occasion de l'importation et de l'exportation, et les pénalités 38

ii. Article 7 : Mainlevée et dédouanement des marchandises 39

iii. Article 8 : Coopération entre les organismes présents aux frontières 45

iv. Article 9 : Mouvement des marchandises destinées à l'importation sous contrôle douanier 46

v. Article 10 : Formalités se rapportant à l'importation, à l'exportation et au transit 46

vi. Article 11 : Liberté de transit 50

1.1.3. Les obligations en matière de coopération douanière 52

1.2. Procédures de mise en œuvre 54

1.2.1. Le traitement préférentiel et différencié destiné aux Membres en développement et aux Membres les moins avancés 54

1.2.2. Établissement du Comité de la facilitation des échanges et du comité national de la facilitation des échanges 59

1.3. Quelques évaluations 60

Chapitre 2 : MISE EN ŒUVRE DE L'ACCORD SUR LA FACILITATION DES ÉCHANGES DE L'OMC AU VIETNAM D'UN POINT DE VUE JURIDIQUE 63

NGUYEN Ngoc Ha

2.1. Présentation générale du droit vietnamien sur la facilitation des échanges 64

2.2. Évaluation de la compatibilité 67

2.2.1. Règles compatibles 68

i. Une compatibilité majeure avec la plupart des règles de l'AFE 69

ii. Une prudence du gouvernement vietnamien 76

2.2.2. Règles incompatibles 80

i. Certaines dispositions contenues dans l'article 3 de l'AFE 80

ii. Obligation contenue dans l'article 5.3 de l'AFE 81

iii. Article 7.7 de l'AFE 83

iv. Article 7.8 sur les envois accélérés 84

v. Article 7.9 sur les marchandises périssables 85

vi. Article 8 sur le mécanisme de coordination entre les organes chargés du contrôle à la frontière. 85

vii. Article 10.8 sur les marchandises refusées 86

viii. Article 12 sur la coopération douanière 86

Chapitre 3 : MISE EN ŒUVRE DE L'ACCORD SUR LA FACILITATION DES ÉCHANGES DE L'OMC AU VIETNAM D'UN POINT DE VUE PRATIQUE 89

DO Viet Anh Thai

3.1. Situation actuelle de la facilitation des Échanges au Vietnam 89

3.1.1. Mesures mises en place et résultats 90

3.1.1.1. Renforcement de la disponibilité et de l'accessibilité des informations *90*

i. La réforme du droit douanier 90

ii. La mise en ligne des informations 92

iii. L'établissement des points d'informations 94

iv. Les résultats 95

3.1.1.2. Simplification et modernisation des procédures douanières *96*

i. La mise en œuvre du système électronique VNACCS/VCIS 96

ii. Le guichet unique national 100

3.1.1.3. Renforcement de la coopération douanière *103*

3.1.2. Limites et raisons d'être 105

3.1.2.1. Des résultats encore restreints *105*

i. Les résultats de la facilitation des échanges selon le rapport « Doing Business » de la Banque mondiale . 105

ii. Les résultats de la facilitation des échanges du Vietnam selon l'indice de performance logistique....107

3.1.2.2. Des problèmes existants *109*

i. La qualité du système juridique 109

ii. Les lacunes concernant la technologie 110

iii. La qualité du travail des agents douaniers............................111

iv. La faible coordination entre les autorités douanières et les autres organes étatiques chargés du contrôle à la frontière 113

3.2. Enjeux pratiques de la mise en œuvre de l'AFE pour le Vietnam 114

3.2.1. Potentiel de l'AFE pour le Vietnam....................................114

3.2.1.1. Les bénéfices pour le gouvernement vietnamien............ 115

i. La réduction du coût de commerce..115

ii. Le perfectionnement du système de gestion des flux commerciaux..117

iii. L'augmentation de la croissance économique du pays 120

iv. Les autres avantages 121

3.2.1.2. Concernant les entreprises.. *121*

i. Facilitation pour l'entrée dans le secteur d'import-export..122

ii. L'opportunité de présenter des observations et l'opinion aux organes étatiques..122

3.2.2. Obstacles..123

3.2.2.1. Obstacles pour les organes étatiques *123*

i. L'incertitude des mesures à mettre en œuvre.........123

ii. La corruption..124

iii. Le risque de diminution de l'emploi à la frontière en raison de l'automatisation des procédures 126

3.2.2.2. Obstacles pour les entreprises *127*

i. La faiblesse des ressources humaines 127

ii. Concernant la qualité des produits et services 128

Chapitre 4: RECOMMANDATIONS 131

NGUYEN Ngoc Ha

4.1. Proposition d'une feuille de route appropriée 132

4.1.1. Feuille de route proposée 132

4.1.2. Justifications 134

4.1.2.1. Ajout de nouveaux dispositions dans les engagements de la catégorie A *134*

4.1.2.2. Pour les engagements dans les catégories B et C *135*

4.2. Proposition des amendements au droit vietnamien relatif à la facilitation des échanges 136

4.2.1. Mise en œuvre des traités selon la loi vietnamienne sur les traités de 2016 137

4.2.2. Changements proposés et justifications 138

4.3. Proposition de certains mécanismes pour assurer la réussite de la mise en œuvre de l'AFE 141

4.3.1. Réorganisation du Comité national de la facilitation des échanges 141

4.3.2. Renforcement de la coordination entre les organes chargés du contrôle à la frontière 143

4.3.3. Renforcement de la transparence 143

CONCLUSION 145

Annexes 149

Bibliographie 167

Table des matières 181

L'HARMATTAN ITALIA
Via Degli Artisti 15; 10124 Torino
harmattan.italia@gmail.com

L'HARMATTAN HONGRIE
Könyvesbolt ; Kossuth L. u. 14-16
1053 Budapest

L'HARMATTAN KINSHASA
185, avenue Nyangwe
Commune de Lingwala
Kinshasa, R.D. Congo
(00243) 998697603 ou (00243) 999229662

L'HARMATTAN CONGO
67, av. E. P. Lumumba
Bât. – Congo Pharmacie (Bib. Nat.)
BP2874 Brazzaville
harmattan.congo@yahoo.fr

L'HARMATTAN GUINÉE
Almamya Rue KA 028, en face
du restaurant Le Cèdre
OKB agency BP 3470 Conakry
(00224) 657 20 85 08 / 664 28 91 96
harmattanguinee@yahoo.fr

L'HARMATTAN MALI
Rue 73, Porte 536, Niamakoro,
Cité Unicef, Bamako
Tél. 00 (223) 20205724 / +(223) 76378082
poudiougopaul@yahoo.fr
pp.harmattan@gmail.com

L'HARMATTAN CAMEROUN
TSINGA/FECAFOOT
BP 11486 Yaoundé
699198028/675441949
harmattancam@yahoo.com

L'HARMATTAN CÔTE D'IVOIRE
Résidence Karl / cité des arts
Abidjan-Cocody 03 BP 1588 Abidjan 03
(00225) 05 77 87 31
etien_nda@yahoo.fr

L'HARMATTAN BURKINA
Penou Achille Some
Ouagadougou
(+226) 70 26 88 27

L'HARMATTAN SÉNÉGAL
10 VDN en face Mermoz, après le pont de Fann
BP 45034 Dakar Fann
33 825 98 58 / 33 860 9858
senharmattan@gmail.com / senlibraire@gmail.com
www.harmattansenegal.com

www.ingramcontent.com/pod-product-compliance
Lightning Source LLC
LaVergne TN
LVHW021207061026
849535LV00008B/2616
* 9 7 8 2 3 4 3 1 3 0 0 3 3 *